U0016074

找到才能、改變人生。

為什麼我可以如此斷言？

那是因為我有找到自己的才能經驗，以及幫助許多不知道自己才能的人改變人生的實績。

在我還是大學生的時候，在便利商店打工僅僅兩個月就被炒魷魚。我覺得自己「連打工都搞砸，根本就不適合在社會生存」，自信蕩然無存，對於出社會這件事極端不安。不過另一方面，又抱著一絲絲的期待，「自己應該會點什麼吧」。這微小的希望是個契機，為了找到自己能做什麼，我開始研究「才能」。

以往我都只在意自己的缺點，但找到才能時，人生有了 180 度的轉變。首先是善用才能寫了部落格，累計瀏覽量超過 2,600 萬次；然後在出版業不景氣的環境下，第一本書《發現你的天職》就賣了 30 萬本，擠進日本 2021 年商業類暢銷書排行榜前 10 名。更進一步，現在是提供理解自我服務的專業公司的老闆，擁有 70 名工作人員，專責幫助人們發掘才能的工作。

雖然有了戲劇性的轉變，但是我這個人本身並沒有變。

我只不過是找到自己的才能，然後學會正確的活用

方式。

　　從我自己認真面對才能的經驗，以及輔導超過千名「找不到才能」的人「找到才能」的經驗，有一件事我十分確信。

　　那就是發現才能之後，想法、生活方式、人生都會大幅轉變。你可能會覺得「光是找到才能就能改變人生，太誇大其詞了吧……」，但是千真萬確，一切會從根本徹底改變。

　　以下是我每天收到客戶回響的一小部分。

變得有自信
也不會再去跟別人比較

很清楚自己的生存方式，不會再感到迷惘

不會隨波逐流，能夠以自己的標準來生活

收入很驚人的變成兩倍

想法都不一樣了，現在可以對身邊的人說鼓勵的話

我也能夠發現別人的才能，人際關係變好了！

世界最簡單的才能發現法

為什麼發現才能人生會有如此的轉變？簡而言之，發現才能就是「能夠肯定真正的自我」。結論就是能產生自信，對自己的生存方式不再感到迷惘。

你一定有才能，
只是不知道如何找尋而已

人人皆有才能。

既然如此，為什麼很多人都會認為「才能」是「只有天選之人才有」「不是那麼簡單就可以找到」？

我們就來探究一下為什麼人們認為找到才能如此「困難」。

先說結論，那就是因為人們對「才能」有誤解。

對你來說，什麼樣的人算是有才能？

是在棒球界戰功彪炳的人？或是具有音樂長才，能演奏動人樂曲的「鋼琴家」？很可惜本書要大家找的才能並不是這一類。

這些都不是本書
所指的「才能」

棒球才能

鋼琴才能

每一個人都有才能。

你可能會認為「那種才能即使發現了也派不上用場吧」，這完全是誤會。

應該是說，正因為與「棒球才能」不同，這種一般性的才能，適合用於生活、工作等所有場合。

幾乎所有人都沒有發現自己的才能，所以發現的當下就會為人生帶來重大的改變。

本書所提的「才能」，
是人人都擁有，處處皆可用。

在這個世上，有些人不只能找到自己的才能，還能拉身邊的人一把。

但是包括我在內大多數的人並非如此，所以本書想要傳授大家發現才能的技巧。正因為是技巧，所以只要跟著書按部就班，每個人都辦得到。

找到才能的簡易方法

在撰寫本書的過程中，拜讀了很多過去有關天賦才能的書籍和研究報告。每一個理論都很出色，卻沒有一本著作淺顯易懂的介紹如何找到才能並活用它。

本書將歷來先人的真知灼見，彙整成可以立即實行

的體系。

書中將明確定義所有與才能相關的詞彙，並且以公式呈現找到才能的方法，同時也為讀者一一拆解湊齊公式中每一要項的步驟，而且只要三個步驟。

唯一希望你配合的部分，就是請跟解數學習題一樣，把自己套進公式。

我把找到專屬於自己才能的方法，用史上最簡單的方式告訴你。把你的人生套入本書的公式中，一定可以擁有超強自信，讓人生丕變。

再次重申，我敢斷言——

你一定有才能。

閱讀本書的讀者，每一位都能發現自己的才能，無一例外。

本書將所有必要的事項都寫進來了。看完全書，你一定會發現——

．自己不是沒有才能

．只是自己沒有發現才能而已

　　〈前言〉到此告一段落，接下來將詳細說明快速找
到才能，讓你發光發熱的方法。

目次 CONTENTS

CHAPTER 2
改變學習與對世界看法的「才能公式」

CHAPTER 3
挖掘沉睡體內的寶物「發現才能技巧」

CHAPTER 4
充分展現自我的「活用才能技巧」

CHAPTER 5
得到無法模仿的強項「培養才能技巧」

CHAPTER

1

為什麼有人可以發現才能，有人不行？

沒學過方法所以找不到才能

　　就像「天才」一詞，提到「才能」，往往讓人認為僅有少數受上天眷顧的人才會擁有，因此幾乎不存在所謂「找到才能」這種想法。

　　學校不會教你怎麼發現自己的才能，課本也沒有。所以幾乎所有人都不知道有發現才能的方法，也不覺得自己有才能。結果就在沒察覺「自己才能」的狀況下過完一生。

　　「我看過好幾本發覺才能和強項的書，但都沒找到自己的才能。」

　　有這種想法的人，我希望你記住一個大前提，那就是──

　　「找不到『才能』，是因為詞彙分類不充分。」

　　你了解以下詞彙的差別嗎？

　　・**才能**

　　・**優點**

- ・缺點
- ・強項
- ・弱項
- ・擅長的事
- ・不擅長的事
- ・個性

大概 99% 的人都搞不清楚吧！不過現在還不知道也沒關係，只要讀完本書，你就會豁然開朗。

如果你也像下圖所示：不甚理解詞彙的差異、以模稜兩可的詞彙去思考，永遠都找不到才能。

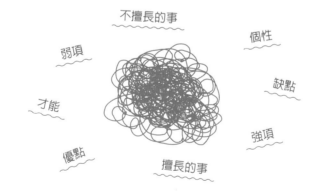

POINT

找不到「才能」
是因為詞彙分類不充分。

發現才能，人生 180 度大轉變

每個人都有才能嗎？

才能是找得到的嗎？

面對上述問題，我要再次自信地說「YES」。

這是我親身體驗過，並且親眼見到「發現才能」方法的人產生了重大變化，才敢這樣斷言。

沒有找到才能的人，就像生活在陸地上的魚，也就是說，處在不適合自己的環境拚命掙扎的狀態。如果那條魚一直自認為「我是陸地動物，一定要努力」，那最後會怎樣？最慘烈的狀況是小命不保吧。

反之，能夠活用才能的人，就是在水裡的魚，在可以發揮自己才能的地方充滿活力的優游。能不能找到才能，將為你的人生帶來重大改變。

你想要以什麼樣的姿態活下去？

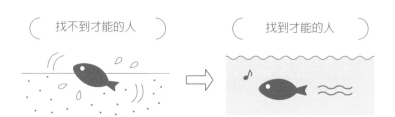

知道自己的才能能在什麼地方發揮的人，自信、成就、人生的自由度絕對截然不同。

如果你能夠找到自己的才能，而且懂得活用，那壓力會是現在的 1/10，成就則是 10 倍提升。

> ## POINT
>
> 無法發揮才能的人是「陸地上的魚」，
> 可以發揮才能的人是「水裡的魚」。

對自己才能全然無知
而傻傻努力的我

看到我寫書、開公司，或許你會認為「你本來就知道自己有才能吧？」其實完全相反。很長一段時間，我都存有「怕生」的情結。

工作不力，便利商店打工兩個月就被炒魷魚

事情是發生在大一的春假，我和朋友兩人一起到名

古屋旅行。

在餐廳吃晚餐時手機響起，是我打工的便利商店店長打來的。平常他幾乎不會打電話給我，所以我驚訝地問道「怎麼了？」

「八木老弟，你工作很沒幹勁，又經常感冒請假很難排班，之後就不用再到店裡打工了。就這樣。」

事發突然，沮喪的我也只能回應「好、好」，就這樣丟了工作。

那間便利商店離我家很近，時薪又有 1000 日圓，看起來條件很好、工作輕鬆，所以我才去應徵。可是真正上工之後，才發現我不會的事情太多了——排貨、賣郵票、準備熱食點心、捏飯糰、收送代洗衣物、電子支付的使用方法等。就算不會卻因為怕生情結，而不敢問前輩。

最痛苦的就是從一整面上百種的香菸牆上，立刻且正確無誤地找出客人要的品項。「別的工讀生都會，為什麼我做不到？真的不想再去打工了。」就這樣越來越沒幹勁。

我完全無法反駁店長的話，對於不能勝任便利商店工作而遭解雇的自己，感到自卑「真是個無能的傢伙」。

光想就覺得胃痛，只做一天就逃之夭夭的工作

雖然不太想講這些丟臉的事；那次之後的打工經驗再以失敗收場。

第二次的工作是電話推銷。

工作的內容是打電話給看起來有機會的店家，詢問他們要不要在我司的網路商城開店。

但是我最怕打電話了。打工的第一天，教導我的社長就露出擔心的神色「你看起來很緊張，沒問題吧？」

一開始撥電話，我心裡就一直祈禱「不要接通……」。即使打通了，我也是腦袋一片空白，根本無法好好的說話。

因為太恐懼打電話，所以就假裝在查詢資料，打了兩通電話之後就休兵過完打工的第一天。結果只做了一天就溜之大吉，是個光回想都會手抖、胃痛的經驗。

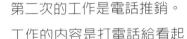

會搞成這種局面也是理所當然。我是那種怕聽電話怕到有人來電也不會接，而是請老婆代接的人。

一定會有人吐槽「那為什麼還偏偏去應徵那種打工？」因為那時候的我對自己的才能全然無知，才會選

擇與才能完全相反的工作。

　　會想寫這本書，是想告訴大家連我這樣的人都可以發現才能，並且找到可以活用的地方。「每個人都有才能，一定找得到」──這是我最想要傳達的理念。

POINT

　　每個人都有才能，而且一定找得到。

察覺到「可以找到才能」的契機

怕生是再怎麼努力也改變不了的

　　雖然打工不順利，但我仍不斷掙扎著想改變自己。

　　尤其是我想增加跟別人說話的機會，說不定可以改掉怕生的毛病，還曾經鼓起勇氣挑戰搭便車旅行。

　　我利用大學放春假的時候，以搭便車的方式遊歷了

西日本。我睡網咖、央求初次見面的人載我一程，勉勉強強的算是能溝通，全程花了三個禮拜，當時每天都在「好怕」和心跳加速的狀況下搭便車。我期待此舉能改變怕生的毛病。

不知不覺我的搭便車經驗也累積了上百次，回想起來才發現一件事──

「我還是一樣怕生。」

跟陌生人說話依舊緊張、遠遠看到熟人走過來，一樣會為了避免碰面而繞路、搭電梯也絕對不想與他人共乘。我體悟到「都做到這個程度還改不了，沒救了。」所以我放棄了改變怕生這件事，想法也因此 180 度大轉彎。

「我要放棄不擅長的事，並且要去做不勉強自己的事」。

這成為我人生的一大轉機。

自己什麼都沒變，
實際上卻開始大大的改變了

其實在搭便車時，我曾經將「搭便車成功法」系統化發表在部落格上。

因為當年我在挑戰時，幾乎查不到「如何成功搭便車」的資料，所以才想說「發表在部落格上分享給需要的人看」。而且寫部落格對我來說一點都不為難。

沒想到在搜尋引擎上查詢關鍵字「搭便車」時，我寫的部落格竟然會先跳出來。

當時我並沒有自覺，這是善用「將知識系統化的才能」得到的結果。

「這樣不是也很棒嗎？」

這個念頭讓我增加了寫部落格的時間。

除了搭便車之外，我將自己知道的知識系統化彙整於部落格上。

真正開始用心寫部落格的一週後，我寫了〈高田馬場美味拉麵彙整〉。這篇文章被好幾家新聞網站引用，部落格雖然才開始營運沒多久，但短時間內點閱率已超過一萬次。記得那時候看到不斷成長的點閱率，真的很興奮。

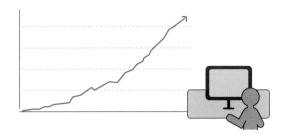

那時候我的心裡產生了一個假設——

「如果能善用才能，好像就能自然而然取得豐碩的成果？」

抓到訣竅的我，每天都會寫部落格。寫部落格對我來說一點也不辛苦，在大學上課時、參加講座時、午休時間、下課後，我都一股腦兒地寫。

有大學朋友嘲諷我寫部落格這件事，但是我一點也不在意，完全樂在其中。

開始持續寫部落格之後，點閱率一天天增加，竟然發展成一年半後我每個月都有上百萬日圓的被動收入。

當時，我覺得自己參透了世間真理，對世界的看法跟以前完全不同。

這時候假設變成了篤定。

「如果能善用才能，一定會自然而然取得豐碩的成果。」

而對此深信不疑的我，接下來是寫書。

第一次寫的書銷售量一口氣超過 10 萬本，再版 20 萬本、30 萬本，成為 2021 年日本暢銷書排行榜（商業類）前 10 名的作品。

曾經是「無能」的我，也變成了被說是「有才能」的人。

但是我自己什麼都沒變。不過是放棄那些我不擅長的事，開始去做活用才能的事而已。

不管哪一個都是同一個我。改變的只有善用才能的方法

・在便利商店打工 2 個月就被辭退
・電話行銷做 1 天就逃之夭夭

⇦ ⇨

・部落格點閱率累計超過 2600 萬次
・出版作品暢銷 30 萬本
・擁有 70 名員工的公司老闆

「找到才能的方法」誕生之日

自己的人生產生戲劇性變化，驚訝不已的我為了想要探究原委，看了很多談論才能的書，也去查詢世上被稱為「有才能者」的資料。

此舉讓我能夠彙整出找到才能的方法。

只不過這些發現才能的方法，不同於一般常識，可以說是超乎想像。但是當我將有關才能的想法傳授給他

人時——

 找到才能讓我終於不再自卑

 不但在公司獲得晉升，
為了想要更上一層樓而轉職也成功了！

　　獲得了上述人生發生重大改變的回響。而團隊夥伴
在實行這個方法後：

 我具有促進團隊合作的才能，想要繼續精進！

 我很擅長組織化，在這個領域要以第一名為目標！

　　陸陸續續有人發現自己的才能。

　　彙整發現才能的方法後，我在想「為什麼以前都沒
有人這樣教我？如果早一點知道就會輕鬆多了！」而我
教授的對象們，也跟那時的我有同樣的反應：

　　「應該早點知道，不過現在能知道也真是萬幸。」

　　或許也有人在過往的經驗中，實踐了本書所寫的發
現才能公式。

　　已經在實踐的人，請再確認一次流程。而還沒做的
人，請照著公式試試看。

　　我將所有應該做的事情都整理好，比起自己單打獨

鬥，能更快的找到才能。

無法發現才能的五大錯誤認知

在說明如何才能夠發現、活用、培養才能這三步驟之前，先來解答找不到「才能」的人容易犯的錯誤。

因為如果不先去除這「五大錯誤」，那也真的很難找到才能。

有人光是消除這五大錯誤，就能了解何謂「才能」。這些「成見」就是有這麼強烈的影響力。

或許你也心裡有數。那就讓我們一個個破除錯誤吧！

「比別人做得好」就是才能

你有沒有「世界第一做得最好的事」？

應該幾乎所有的人都會搖頭吧！當然我也一樣。

那你覺得「才能」的定義是什麼？

你是不是認為「比別人做得好」就是才能？我以前也這麼認為。

「我雖然很擅長說明，但是比我厲害的人多的是。」

所以你會覺得「自己沒有才能」。

其實你會這樣認為，是因為搞錯了「才能的定義」。

在這種狀態下即使發現才能，也會認為「有別人做得比我好，這不算才能」。

如果能夠破除這個成見，就能「發現自己有很多才能」。

正確的「才能定義」？

那麼正確的才能定義是什麼？就是——

「不知不覺就會去做的事。」

也就是——

找到才能的時候，完全不需要跟他人比較。

如果有「不知不覺會去做的事」，那就是一種才能。

換言之就是「自然而然會去做的事」。

你一定會想「八木先生，你所謂的『不知不覺會去做的事』是什麼啊？」例如：

- **不知不覺就會立即付諸行動**
- **不知不覺就會去觀察人們**
- **不知不覺就會去思考風險**
- **不知不覺就會想要引人注目**
- **不知不覺就會負面思考**
- **不知不覺就會去關照別人的心情**
- **不知不覺就會去跟人攀談**

這些都是才能。

我們來做點事實際感受一下才能。

「想像有一張紙，

然後用手把自己的名字寫上去。」

寫好了嗎？

那我要提問了。

「你是用哪一隻手寫名字？」

應該多數人都是使用慣用手來寫字。

你在用慣用手寫字時，應該沒有意識到「我要用慣用手」這件事吧？

這就是「不知不覺會去做的事」。

「才能」也一樣，就是大家沒有特別意識的狀況下就會去做的事。

但是對自己而言，使用慣用手是下意識的行為，所以在被詢問「你用哪隻手寫名字？」之前，應該都沒有發現「我現在是用慣用手寫字」。「才能」同樣如此，平常一直在做，但是如果沒有刻意去想，根本不會察覺到。正因為如此，花時間回顧所作所為，是發現自己無意識中正在發揮「才能」的關鍵。

而如何回顧也是本書肩負的職責。

正在閱讀本書的你，如果能察覺到日常生活實際上無處不在運用才能，對自己的看法一定會漸漸改變。

但是聽到才能是「不知不覺會去做的事」。

「不知道到底有什麼幫助。」

「工作是要跟同事比績效的。」

「現實才沒有那麼美好。如果不能獲得社會上的認同，根本沒意義。」

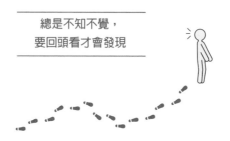

總是不知不覺，
要回頭看才會發現

我好像聽到這樣的心聲。

從「工作」的角度來看，的確誠如所述。不過當局者迷，那些你總是「不知不覺會去做的事」正是珍貴的寶物。

有關「才能要如何對工作產生助益」，在〈CHAPTER 2〉會詳細說明。

看完本書之後，我想你會發現自己沉睡已久、具有無限可能性的才能，並且會為此興奮不已。

第一步先了解「不知不覺會去做的事＝才能」這個概念就沒問題了。

世界最簡單的才能發現法

錯誤

做得比別人優秀的事
＝才能

真實

不知不覺會去做的事
＝才能

〔無法發現才能的錯誤認知②〕

重視「證照」或「技能」

　　「才能」經常會與具備「技能或知識」的證照混為一談。兩者很類似，但本質卻截然不同。

　　舉幾個「才能」例子，例如「能夠顧及風險」「能夠重視他人感受」「能夠追根究柢」。

　　另一方面，所謂的「技能或知識」，是諸如「會說英文」「會寫程式」「會做菜」等。

　　從三個面向可以看出兩者完全不一樣。

第 1 點，差別在於「才能」不需要特別努力就能擁有，但「技能或知識」是需要靠學習後天養成。

第 2 點，差別在於「才能」一旦發現並發揮後，可以運用在任何工作上。但是「技能或知識」只能運用於某些特定的工作。

第 3 點，差別在於「才能」可以終身受用；但「技能或知識」有過時不適用的可能性。

在此彙整如下表：

才能	證照之類的技術、知識
與生俱來， 不用特別努力就有的技能	後天養成
可運用於任何工作	只有特定的工作能夠使用
一輩子都能運用	有可能過時而無法使用
例：「考量風險、 重視他人的感受、訂定策略」	例：「英文、寫程式、行銷、 護理師、會計師」

「什麼？所以技能和知識不重要？」你可能會這麼想。

「技能和知識」當然必要。

但是這些會隨著時代變化而過時。以前去上珠算班通過檢定有助於找到工作，但現在就不適用了。技能說穿了就是這麼現實。

另外，也有人過於依賴曾經獲得的技能及知識，而

降低了人生的自由度。

重視「技能和知識」的人，很難去察覺「才能」。

以取得護理師執照為例。為了資格考試而努力，真的很值得尊敬。

但是如果辭去護理師的工作呢？

那執照本身可能就無用武之地了。

經常會有「我想換工作，但是又不想要放棄護理師執照」這類想要利用執照的案主來找我諮詢。

這就是「利用證照」的優先順位高於「想做的事」的狀態。

在此前提下所選擇的工作，真的會讓你幸福嗎？

本來是要讓人生更豐富的證照，反而成為另一種束縛，這不是本末倒置嗎？

再舉個會計師執照的例子。

考會計師要非常努力，真的很了不起。但是實際上從事相關工作後，才發現自己並不適合，那要怎麼辦？

我真的承接過這類的諮詢案件。

「我如願考上會計師，也進了會計師事務所工作，不過真的覺得不適合想要離職。但是這樣我以前的努力不就付諸流水了嗎？所以無法下定決心。」

這就是自己把「使用執照」的優先順位排在「想做

的事」之前。

過分重視執照這類「技能與知識」的生存方式反而束縛了自己，非常不自由。

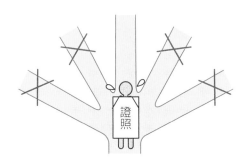

那該怎麼做？

答案很簡單。

請把眼光從「自己的外在」移到「自己的內在」即可。

不是去尋求「外在擁有的技能和知識」，而是要去找尋「內在的才能」。「技能和知識」的運用還是要靠自己，所以最重要的是必須學會了解「自己的才能」。

了解才能，才可以做喜歡的事、自由的生活

如果發現「自己有○○才能」，就能擁有不論身處哪個時代，到任何地方都能很活躍的絕佳自信，能過上自由的人生。

「我想要辭掉校園營養師的工作，我想轉職。」

20 多歲的 S 小姐來找我諮詢。

透過一連串尋找才能的流程，最後發現她想做的事是「塑身瑜伽老師」，但是因為沒有相關工作經驗，所以對於「是否能夠轉職」非常不安。

營養師的證照的確對於應聘瑜伽老師的工作沒有直接的助益。

但這種時候更要重視的是「才能」。

聽 S 小姐過去的經驗，她在從事營養師工作時，在「營養指導」這方面做得非常得心應手，成績斐然。

詢問她績效好的秘訣，她回答「看對方的反應，馬上就能知道他哪裡不懂，然後加以說明」。

找到了！「能配合對方的反應，適切的說明」，這就是 S 小姐的才能！這種才能對任何工作都有幫助！

在應徵瑜伽老師時，她將履歷焦點集中於此一「才能」，「就像做營養指導一樣，我能夠觀察客戶的反應，細心體貼的教學。」

她順利通過第一關履歷篩選。我建議她面試時也要強調這方面的能力。

幾天後 S 小姐聯絡我。

「八木先生！我錄取瑜伽老師了！」

雖然我本來就認為應該沒問題，但是在聽到消息的當下，還是非常感動。

找到「才能」，不論職種或業界，都可以轉換。

找到才能的人，不論年齡、經驗，任何時候都可以開始自己想要的工作方式。

只要能找到才能，你一定也可以辦到。

找到「才能」，無處不自由

我有營養師的執照

我能夠觀察客戶的反應，隨時調整教學

培養「技能與知識」之前，請先找到才能

請大家注意！我不認為「技能和知識」沒有用處，但最重要的是順序。

請先找到「才能」。以才能為基礎，然後再來培養「技能和知識」。如此才能養成「唯你專屬的強項」。

比方前面舉的 S 小姐，就是在「配合對方的反應，做出適切的說明」的才能上，再培養「瑜伽老師」的技

能與知識。

請記住這個順序。

很多人都把時間花在學習「技能和知識」。

「才能」才是人生的基礎，但是卻沒有人花時間去尋找。

說起來是自己根本都沒注意到自己有才能這回事。

你的才能是只要你活著，就是一輩子的利器。

關於一生的才能，就利用本書去找到吧！

成為「想要的自己」

「我很討厭『想要的自己』這個說法」。

當我在演講時這樣說，全場的聽眾瞬間露出了驚訝的表情。

我想這恐怕是因為很多人都是以「想要的自己」為目標吧。

為什麼我會討厭「想要的自己」這句話呢？那是因為在說「想要的自己」時，對象是「自己的外在」。

「我想要跟那個人一樣」「我想要變成那樣」。

這稱之為「憧憬」。一般來說，大家都會認為「憧憬」是美麗而閃閃發亮的東西。

但事實上「憧憬＝自我否定」。

因為憧憬是來自於「現在的自己不好，想要成為想要的自己」的想法。但是你完全不需要自我否定、創造憧憬。你擁有很棒的才能，只是自己還沒發現而已。只要能活用自己的才能就好。

放下「想要的自己」，尋找才能

很多時候「憧憬的對象」，是擁有「你自己缺乏的特質」。

說起來我也曾經一直對別人懷抱憧憬，對象是我的哥哥。哥哥小學時是運動會的啦啦隊長，國高中時是羽球社社長，善於交際，跟任何人都處得好，永遠都是焦點人物。

而我是怕生孤僻的類型，所以總是不斷自我否定「為什麼我無法像哥哥一樣交朋友」。就像前面文章所述，甚至用搭便車的方式想要克服怕生情結，結果大失敗。

你是不是也有努力克服缺點的經驗？

在此我想告訴你一件事。

「想要的自己、憧憬都是壞事，現在就捨棄吧！」

為什麼我會這樣否定「憧憬」？

憧憬原本的字義，並不像現代人感受的那樣正面。

憧憬的日文語源是「あくがる」，意思是「離開原本的地方、心靈離開肉體」。也就是說「憧憬」可說是「離開原本自我」的

狀態。

　　稍微思考一下：當出現「憧憬」的心態時是什麼樣的心情？雖然沉浸在理想的情境中分外愉悅，卻看不到自己原有的樣子？甚至會以為那種狀態比較好，這就是為什麼總是無法發現自己才能的原因。

　　說得斬釘截鐵一點，如果不放下「憧憬」，是絕對無法發現「自己的才能」，這樣說也不為過。

　　「想要的自己」的憧憬，會扼殺你的才能。

憧憬扼殺才能，放棄才能活用它

　　「可是憧憬是那麼簡單就可以放棄的嗎？」

　　也許有人會這麼想。

　　事實上，憧憬可以靠「理解自己」來擺脫。

　　為什麼？

　　感到迷惘時，去回溯字義就可以得到純粹的答案。我們來探究「放棄」這個字的意思。

　　在字典裡查詢「放棄」的字義，會發現是「彙整各種觀察的結果，使之真相大白」。

　　事實上日文的「放棄」和「清楚」來自同一個語源，隱含著「洞悉事物的真相而斷絕執念」之意。

換句話說，就是「一旦清楚自己真心想要的，就要如實地接受它並放棄你所『憧憬』的。」

在此要向大家提問。

你會看著飛翔在天空的小鳥，然後想著「為什麼我不會飛」嗎？

應該不會吧。那是因為你對「自己不會飛上天」這件事斷念。

在玩《勇者鬥惡龍》電玩遊戲時，自己的能力是以數值表示，能一目瞭然。

所以當攻擊力低弱時，魔法使不會拿著劍去戰鬥，因為知道「自己用劍攻擊也不會獲勝」。

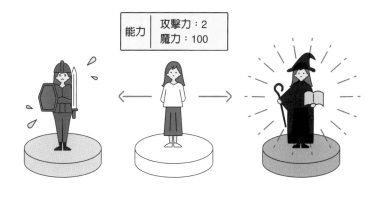

你會憧憬某人，是因為抱持著「自己或許也能那樣生活」的希望。當然以前的我也是如此，認為只要努力，說不定就能克服怕生的個性。

　　我這樣想著，然後拚命掙扎。

　　結果就如大家所知的那樣。

　　不過於此同時，我也有了很棒的收穫。在掙扎過後坦誠面對自己，終於明白「怕生完全改不了」，而能夠真正放棄。

　　經過這番折騰，我才真正下定決心靠自己的才能生活。

　　上述那段話以圖表整理如下：

憧憬	放棄
想要的自己	能成為的自己
自我否定	自我肯定

　　然後你要記住。

　　憧憬會扼殺才能，放棄才能活用它。

　　做到放棄的那一刻，你會有「終於能放下」的舒爽心情，也才能開始把眼光轉向尋找自己的才能。

POINT

錯誤

成為「想要的自己」

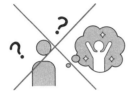

真實

放棄「想要的自己」，
找到才能

〔無法發現才能的錯誤認知④〕
努力一定會有回報

工作不順。

專案失敗。

打工閃辭。

到底是什麼地方出錯？

因為不夠努力嗎？

也有可能。但是大家在回顧自己的人生時，是否隱

約發現什麼端倪？

有些事努力會有收穫，但有些事再怎麼努力也是徒然。

你會認為這世上：

· **只要努力就會成功**
· **不努力不會成功**

這是錯誤的想法，真的。

· **有才能又努力，有樂趣又能成功**
· **沒才能但很努力，辛苦又沒成果，變得不願對任何事情全力以赴**

這是經過研究證實的。

美國內布拉斯加大學以 16 歲的學生為研究對象，將學生分為「擅長閱讀組」和「一般閱讀組」，持續進行三年的訓練。

「一般閱讀組」在訓練前每分鐘可閱讀 90 個語詞，三年後是 150 個語詞，成長率為 1.6 倍以上。

而「擅長閱讀組」原為每分鐘 350 個語詞，而三年後可閱讀 2900 個語詞，竟然成長了 8 倍。

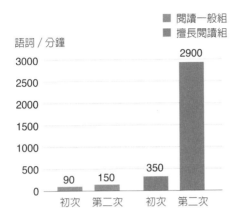

圖例：
- 閱讀一般組
- 擅長閱讀組

語詞／分鐘

	初次	第二次
閱讀一般組	90	150
擅長閱讀組	350	2900

由此研究可得知以下結論。

‧ 沒有才能，即使努力也不會有很好的成果

‧ 有才能又努力，成效斐然

而且付出同樣的時間成本，原本擅長的人差距反而會越拉越大。

管理大師彼得‧杜拉克也說過：

「不要把時間浪費在即使努力也只能達到一般水準的領域。你應該把精力集中在自己的強項。將不擅長的事情拉到一般水準，比起將一流提升到超一流還需要花更多的能量。」──《杜拉克精選個人篇》

認為「努力一定會有回報」的人，大概很難發現自己的才能。

希望大家要知道，培養即使不用努力也有成效的「才能」，才能有具體的成效。

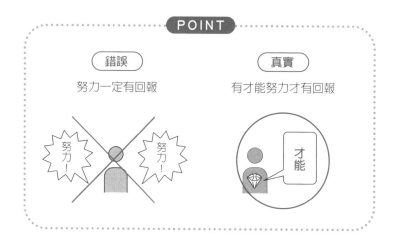

〔無法發現才能的錯誤認知⑤〕
向成功者學習就能成功

　　你是不是會去閱讀知名企業家、創業家、有影響力的人所寫的書，然後模仿他們所說的成功法則呢？

　　我自己在大學時代，也讀過不少名人的勵志書。

讀了勵志書之後也會為之振奮，萌生「我也要效仿功成名就！」的想法。

但是讀了其他著作後，會發現「跟以前讀過的書講得不一樣」，書讀得越多就越混亂。

這世上充斥著無數看來互相矛盾的建議。

矛盾建議一覽表

- 知足常樂⇄勇於追求
- 要察言觀色⇄要大而化之
- 人脈至上⇄自立自強
- 不要給人添麻煩⇄屢敗屢戰多嘗試
- 做就對了⇄行動前要深思熟慮
- 多方挑戰⇄要集中焦點
- 勇於逐夢⇄不要追求虛幻的夢想，要腳踏實地
- 在哪落地就在那兒扎根⇄要找到自己能發光發熱的地方
- 至少要待三年⇄不適合就馬上離開

為什麼每個人給的建言都不一樣？

因為從那些成功者口中說出的內容，只是「對那個人而言的成功模式」而已。換句話說，也可以說是「因為那個人所以才適用那個方法」。

例如我被告知「人脈很重要」，所以很努力去嘗試，但對我來說卻是完全沒有用處的建議。相反的在三年內我看了很多書、寫了很多部落格文章的「孤獨時光」，反而造就了我今天的成功。

　　「人脈很重要」和「自己一個人努力很重要」，兩者哪個才對？

　　結論是兩個都對。

　　但是正確解答並不一定適用於你。

　　讀到這邊，一定會有人覺得「那這樣這本書所說的方法，也不過就是八木先生的成功模式而已囉？」

　　的確，如果我自己的成功法則是從「請與少數人建立深厚人際關係！」這類建議開始的話，那就流於此道。

　　但是，本書談的並不是我個人的成功模式，退一步來說是教大家「找到自己的成功模式」。

　　別人的建言聽得越多，越容易疑惑「到底誰說得對」。

　　重要的是活用找到「自己才能」的方法。

因此你該重視的不是「別人成功的故事」，而是「自己過去的真實體驗」。

答案不是在自己「外面」，而是在「心裡」。

行文至此，大家還能理解嗎？如果能破除這五大迷思，你就立足於「發現才能」的起點。

無法發現才能者的 5 大錯誤認知

比別人 擅長的事 ＝才能	不知不覺 就會去做的事 ＝才能
重視 「證照」或 「技能」	一輩子都能 運用更重要
成為 「想要的自己」	放棄 「想要的自己」 才能找到才能
努力 一定有回報	活用才能 努力才有 回報
學習成功者 就能成功	你的成功法則 就在你 「心裡」

此刻，你就能擁有自信

「我沒有自信。」

「我覺得現在的工作不適合我，但是對其他工作又沒什麼自信。」

我常聽到這類煩惱。

我以前也會這樣，與還沒找到才能的芸芸眾生擁有相同的煩惱。

對於有這種煩惱的人，我想說的是盡早「找到才能」。然後希望大家從這一刻起找到才能，開始以「自信滿滿的自己」生活下去。

因為即便是從收入這方面來看，有自信和沒自信的人，差距也是日益擴大。

1979 年針對 14 歲到 22 歲的 7660 名男女做自我評估，在 25 年後的 2004 年再度調查，有自信的人收入有著飛躍性的成長。

隨著時間經過越久，收入差異擴大更加明顯。

雖然調查結果很殘酷，卻是事實。

如果不能「找到才能」，就無法獲得「真正的自

信」，這麼說並未言過其實。

　　而沒有找到才能所擁有的自信，就像蓋了一棟沒有打地基的大樓，可說是一種華而不實的自信。

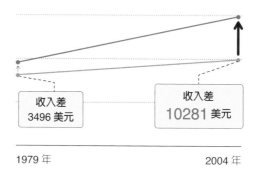

　　■ 對能力有自信的人
　　■ 對能力無自信的人

收入差
3496 美元

收入差
10281 美元

1979 年 　　　　　　　　　　2004 年

　　不管拿到了幾張證照、去參加了幾場講座、讀了多少書獲取知識，如果沒有自信作為基礎，都會非常脆弱。

　　隨著時代演進，證照會變得無用武之地，知識會過時，工作內容會改變，一切都會化為零。

知識

技能

　　如果能「找到才能」，就能保有自我，擁有自信過一生。

　　一旦找到才能，也不會再回到以前那個沒自信的狀態。

而找到才能擁有自信很簡單。

一切都在你的心中進行，每個人都做得到。

請試著想像，找到才能而擁有自信的你，每天會過著什麼樣的生活？

- **一天的開始，對於今天要做的事情有著「確實無誤」的自信**
- **堅信自己的強項，努力工作**
- **對其他人有貢獻，每天都會收到感謝**
- **一天結束，在對未來充滿期待的狀況下入眠**

你不想擁有這樣的每一天嗎？

這世上多數人並不了解自己的才能，一輩子都在憧憬他人的狀況下度過。或許你目前也是屬於這群人。

但是，只要學會本書的方法，發現才能就能改變人生。

就用尋寶探險的心情一起前進吧！

對自己改觀，對世界也改觀的體驗，就此展開。

發現才能，現在就能馬上改變人生。

2

改變學習與對世界看法的
「才能公式」

別在不知道公式的
狀況下思考才能

〈CHAPTER 2〉要傳達的是「才能的公式」。

在不知道公式的狀況下去思考才能，就像第一次做菜卻不看食譜，完全自行發揮。或許多試幾次可以做出美味佳餚，但是得花很多的時間。

人生短暫，時間有限。

閱讀本章只要數 10 分鐘，就能學習我花了 10 年整理出來的簡易「才能公式」。

首先說明「什麼是才能？」

覺得「為什麼我做不到？」時，
就是發現才能的契機

現在可以如此撰寫才能書籍的我，過去也是對才能一知半解而失敗連連。

尤其是犯了——

「自己理所當然會做的事，其他人不見得就會。」

這種忘卻本質的錯。

事情是發生在公司剛創立之初。

為了拓展事業，我要求公司的同仁製作客服手冊。

我很擅長做手冊。我將工作交辦給 T 同仁，希望他做得跟我一樣好。

但是專案開始後，T 同仁一直沒什麼進展。中途請他把手冊給我看，即使我想恭維他也說不出「你做得很好」這種話。

在製作手冊期間，我會很刻意的每星期開會提供建議。但是 T 同仁每次看見我都是死氣沉沉，進度也漸漸落後，當然品質也完全沒提升。

我感到「一定有那裡不對勁」，就問 T 同仁「為什麼手冊做得這麼不順？」

T 同仁就把腦袋裡糾結的想法告訴我。

「這個部分需要隨著客戶的反應而改變，要怎麼寫成手冊才好？嗯～其他也一樣，無法將客戶一概而論，每一條都要思考『是否符合那個人的情況』，其他同仁在使用的時候會不會覺得困擾等。」

這也是理所當然的，因為 T 同仁具有「配合客戶狀況臨機應變的才能」，是客服的專家。

T 同仁擁有「臨機應變」的才能，和製作手冊所要求的「寫下一般應對程序」的才能完全相反。如果沒有花時間和 T 同仁一起回過頭看，根本不會知道。

那時候我才終於察覺到。

「自己理所當然會的事情，對 T 同仁來說並非如此。」

而我交辦了無法善用 T 同仁才能的工作。

深刻反省的我，向 T 同仁道了歉。現在是請 T 同仁負責培訓工作，讓他可以充分運用「臨機應變的才能」又具有挑戰性。

才能不需要「外求」

如同我之前提到的失敗經驗，「你的理所當然，和別人的理所當然不一樣」。

你或許會認為「當然如此」。

但是就如同發生在我身上的事情一樣，稍不注意

就會誤以為「自己理所當然會做的事，別人也應該會做」。

反過來說，當你認為「這個大家都會，不是什麼了不起的事」，或許才是你真正的才能。

我也從這次的經驗發現，「任何人都可以寫手冊」其實是我的才能。

同樣的你的才能也可能隱藏於「已經是理所當然的事情」中。

才能不外求。你正在做的事情才是才能，寶藏就在你自己心裡。

```
·········· POINT ··········

   才能就在你「做的理所當然的事情」中。

```

關注「動詞」就能發現才能

希望大家要注意「才能」的一個特徵。

那就是——

「才能是動詞。」

例如以下的才能每個都是動詞。

· **做事謹慎**
· **蒐集資訊**
· **思考未來**
· **聯繫人與人**
· **顧慮他人的心情**
· **和初次見面的人很親近**

來舉個例子吧。

A君、B君、C君都說「喜歡旅行」。同樣是「喜歡旅行」，「旅行哪個部分有趣？」也會因人而異。

問 A 君「旅行哪個部分有趣？」如果他回答「到景

點拍些好玩的照片傳給朋友很有趣。」那就代表 A 君具有「傳達事物魅力」才能的可能性很高。

而 B 君是回答「訂定旅遊計畫很有趣」，那或許 B 君是具備「規畫行程」的才能。

C 君則說「有新的體驗很有趣」，那 C 君應該具備「投入新事物」的才能。

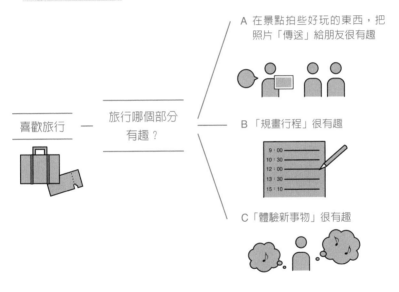

A 在景點拍些好玩的東西，把照片「傳送」給朋友很有趣

B 「規畫行程」很有趣

9：00
10：30
12：00
13：30
15：10

C 「體驗新事物」很有趣

喜歡旅行 ── 旅行哪個部分有趣？

從三人的例子來看，就像「傳達、規畫、投入」般，才能通常是以「動詞」來表現的。

也就是說，你「不知不覺就會去做的行為」就是才能。

順道一提，在我的方法論中，「才能」和「擅長的事」是同義詞。

「才能（擅長的事）」是以「動詞」來表現，但是「喜歡的事」是以「名詞」來表現。（Ａ君、Ｂ君、Ｃ君喜歡的事是「旅行」）。

　　藉此可了解「才能是動詞」十分完美。

面對「才能 50% 靠遺傳」的事實該如何自處？

　　提到才能，最常被問的問題就是——

　　「才能不是遺傳來的嗎？」

　　的確大家都非常在意這一點。

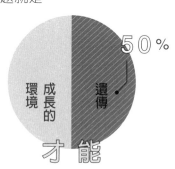

根據行為遺傳學的研究，才能有 50% 來自遺傳，剩下的一半是靠成長環境培養。

到青春期為止才能都可以改變，但隨著年齡增長就很難改變。

也就是說，成人想要改變自己的才能，會很困難。

「乞求沒有的東西」的人永遠不會幸福

讀到這邊，你可能會湧現「自己的才能改變不了」的負面情緒。

我認為改變才能很難這個事實是「非常棒的事」。也能夠理解有些人會有「哪有很棒，我很討厭自己，想改變想得不得了」的想法。我自己也有過拚命努力改變的經驗。

那為什麼我還會覺得才能不能改變是件很棒的事？那是因為當你只能照自己的方式生活的話，就能夠「放下執著」。

而且，身處在「只能照自己的方式生活」的情況下，確實會讓人變得幸福。

曾經有一個研究。

研究的內容是讓數百人從好幾種款式的海報中，選擇一款自己喜歡的帶走。

參加者被分為兩組，分別被告知：

第一組　「一個月內可更換成其他海報」
第二組　「這是最後決定，一旦選定後就不能更換」

後續調查兩組的滿意度，發現第二組的人對海報的喜愛程度較高。相較於覺得之後還有機會選擇其他海報的第一組，選定後無法再更改的第二組滿意度較高。

很多人就像第一組，一直想去看那些自己沒有的東西，過著不斷追尋的人生。

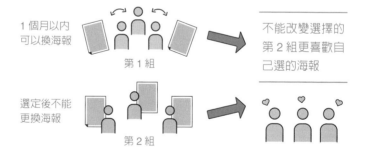

無法改變選擇的人滿意度更高

《選海報實驗》

1 個月以內
可以換海報

第 1 組

選定後不能
更換海報

第 2 組

不能改變選擇的
第 2 組更喜歡自
己選的海報

如同這個研究的結果，人永遠無法對自己的人生感到滿足。如果一直在追尋沒有的東西，只會招致不幸。

「好個性、壞個性」不存在

才能是一定程度定下來之後，今後無法改變的事。

但是仍有可以改變的地方，那就是「看待才能的方式」。如何看待才能全看你自己。如果能以正面的角度看待才能，抱持著要徹底運用的決心，完完整整的接受整個人生，那一刻起你才是完整的為自己而活。

「雖說如此，但我實在想不出來自己的才能有什麼用處。」

應該有人會這麼想吧。我之前也是如此。

然而，實際上「才能不存在優劣之分」。

讓我舉個例子說明。

人的個性大體可區分為「外向型」和「內向型」兩大類。大概會有人質疑「咦？你不是要談才能，怎麼會講到個性?!」這本書對才能的定義是「不知不覺會去做的事」，個性也是如此。因此我將「個性」和「才能」視為同義詞。

兩種個性簡而言之有以下差異：

· **外向型：活潑、社交**

· **內向型：細膩、內斂**

你覺得自己是外向型？還是內向型？

我覺得自己是內向型。實際上長期以來心理學家都認為「外向型」才是幸福的個性。

因此一直致力於研究「怎麼做才能把內向型的個性改變為外向型」。

也就是「內向型＝不好」。所以內向型的人會想著要「改變自己」，也不無道理。

但是近年開始了幾個不同以往的研究。人們以為內向型幸福度較低，但實際並非如此。

從新的研究結果可知──

· **「覺得一定要變外向」的內向型人會不幸**
· **「對內向的自己很滿意」的內向型人會幸福**

也就是說，能夠接受自己會感到幸福，無法接受的就會覺得不幸。

個性本身並沒有優劣，端視如何看待。

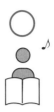

內向型的人都很不幸

- ·「覺得一定要變外向」的 內向型人會不幸
- ·「對內向的自己很滿意」 的內向型人會幸福

　大家也都認同這個研究結果吧！

　即便是內向型，可以享受一個人的時光，看起來就很幸福。

　我也是在接受自己是內向型的瞬間，不再去憧憬外向型。從以往「都是內向的錯」的想法，變成「都是拜內向所賜」。

　這讓我變得可以把時間用在自己覺得很享受的「閱讀」和「寫作」上，過得很開心。

　而這也連帶有了很好的成果。

POINT

把「都是內向的錯」的想法轉變為
「都是拜內向所賜」。

不是「要怎麼改變自己？」
而是「要怎麼活用自己？」

　　這一章特別說出「才能有 50% 由遺傳決定」，是希望每個人都能「靠現在的自己活下去」。

　　如果沒有這層覺悟，那發現自己的才能之後，也會流於「我還想要有更多才能」「我想要那個人的才能」這種循環，即使過了 10 年、20 年也不會有自信，也不會變得幸福。

　　不管你從本書學了多少方法發現才能，如果還殘存著「改變自己比較好」的念頭，而沒有「好好活用這個才能」的決心，就會開始變成想要成為另一個人的狀況。

抱持要活用自己才能的決心，人生才會開始改變

　　有些客戶是在接近退休的年紀，「希望退休後能活用自己的才能，所以來接受理解自己的檢測」。

　　每次遇到這類客戶，在高興的同時，也覺得非常難過。

這麼優秀的才能，如果在過往數十年的人生中可以發現到，該過上多麼美好的生活啊，不免讓人悲從中來。

　　當然現在開始也不遲。不過我要向閱讀本書的讀者說：

　　「人要一輩子跟自己相處，難道不該趁年輕趕快去發現才能嗎？」

　　就從此刻開始，接受你被賦予的才能，好好運用於人生中。

- - - - - POINT - - - - -

發現才能的最佳時機就是現在。

結論：什麼是「才能」？

1　所謂的才能是「不知不覺會去做的事」。
　　就隱藏在你認為「理所當然會做的事」當中

2　才能以「動詞」呈現

3　才能 50% 靠遺傳決定。
　　但是你可以改變「看法」

才能

讓才能強到任何人都無法模仿的
「兩大公式」

「才能是『不知不覺會去做的事』這一點我懂了，但還是搞不清楚要怎麼運用。」

我很明白你的感受。

這也是理所當然的。才能無法原原本本的就拿來運用，而是要稍微加工處理。

就像馬鈴薯不能生吃，但是照著食譜做就能變成好吃的馬鈴薯燉肉。

才能也一樣，為了讓強項發揮效用，必須經過兩大公式的加持。

才能經過 2 大公式加持，就能變得強大

馬鈴薯　　　　馬鈴薯燉肉　　　　才能　　　　　強項

接下來終於要介紹能將你的才能變成獨一無二的黃金食譜 —— 兩大公式。

〔才能公式①〕
「缺點←才能→優點」

才能像「菜刀」，就看你怎麼使用

第一個公式是「缺點←才能→優點」。

簡單來說就是「才能有缺點也有優點」。

· 「不知不覺會去顧慮到別人的心情」

缺點→把自己的感受放在後面

優點→行動時會考慮到他人的感受

· 「不知不覺會去思考未來的事」

缺點→看到有風險而無法付諸行動

優點→有效率的推動事情發展

· 「不知不覺會去學新東西」

缺點→只滿足於學習而沒有付諸行動

優點→有上進心

才能本身並沒有好壞之分，隨著運用方法的不同才會變好或變壞。

可以把它想像成菜刀。

同樣是菜刀，可以做菜讓人們幸福，也可以殺人讓人不幸。

但是很多人對自己的才能都只看缺點，對別人的才能只看優點。

鄰居的草皮總是比較綠。當出現這種念頭時，請你仔細想想，**鄰居的草皮的確是比較綠，但是別人看你的草皮也覺得很綠。**你一定有才能，也有優點。

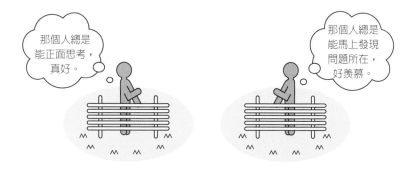

勝負的關鍵在於能否找到「可以活用的環境」

到目前為止，你應該有「正好發揮所長！」的時候吧！

當然也會有缺點作祟「今天真的很糟」的沮喪經驗。

人不可能永遠一帆風順。

正因為如此，你才會這樣想吧——

「其實希望自己的才能隨時都能發揮優勢。」

才能會變成缺點或優點，最大的重點是「環境」。例如「不知不覺會去確認有沒有缺漏」的才能，如果在講求速度的環境下，就會被當成「工作很慢」的缺點。

但是若是在要求正確性的環境下，就會被當成「不會出錯」的優點。

要活用才能必須做的事，不是拚死拚活地努力。

而是深入了解自己的才能，找到能讓才能發揮優勢

的環境。

也就是「能讓自己充滿活力的地方」，找到一個能讓你充分發揮才能的環境是最大關鍵。

「環境」又可大致區分為「人」與「活動內容」。

例如是不是會有人讓你「喜歡跟他在一起時的自己」？

那是因為跟那個人在一起時，你的才能可以發揮成為優點。

或者，有沒有「從事這份工作很快樂」的經驗？

那是因為對方追求的事情，剛好跟你的「才能」吻合。

不要被「如果你在這裡做不好，去哪裡都一樣」給騙了。

「在這裡做不好就想換個環境，不是種逃避嗎？」

很多人都會這樣想。

- 在公司被主管說「如果你在這裡做不好，去哪裡都一樣」
- 身旁的人都說「如果你現在逃避，以後就會形成一種習慣」

你是不是也有這樣的經驗？事實上我經常聽客戶這

麼說。的確在看到同一環境下，有人做得順風順水，會覺得「做不好是自己不夠努力」也不足為奇。但是我敢斷言──

「如果你在這裡做不好，去哪裡都一樣」絕對是天大的謊言。如果現在所處的環境很辛苦，可以馬上逃開。

與其說「可以逃開」，還不如說「一定要逃開」。

好不容易擁有的「才能」，你有責任盡全力活用，這是別人絕對無法幫你完成的。

任何人一定都會有能讓自己充滿活力的地方。

雖說是可以逃開，但大家必然有所疑慮：

- **「會不會逃避成習慣？」**
- **「判斷該逃開的標準？」**
- **「逃開之後要怎麼找到可以讓自己發揮所長的環境？」**

上述相關疑問，會在〈CHATER 4〉中簡明易懂的說明，請大家放心。

> **POINT**
>
> 工作不開心時一定要逃開。
> 你有責任善用自己的才能。

世上必然存在能讓你發光發熱的環境，只是現在的環境不適合

從「突顯缺點的環境」換到「能發揮優點的環境」，會從「沒用的傢伙」變成「受人尊敬的英雄」。

K先生想要認真懇切的給人諮詢，所以大學畢業後就到人力仲介公司工作。但是開始從事職涯顧問之後，才發現理想與現實的巨大落差。

公司的衡量標準是「能讓多少人順利轉職」，重要的是「以最小限度的勞力讓眼前的客戶轉職」。

但K先生的才能是「懇切的面對每一個人」，卻被要求需應對100名客戶。

越是懇切提供諮詢，就花費越多的時間，無法讓更多人轉職。前輩於是建議他「要縮短每位客戶諮詢的時間」。

他自己也看了很多本傳授「速效工作」的書。但是短時間內把客戶打發掉，是與K先生才能完全背道而馳的作法，所以在工作上總是感到痛苦萬分。

當然有人在這家公司做得非常出色。看到那些人，K先生每天都會自我否定「我大概對這個社會適應不良」。

K先生的工作是會讓他的才能變成缺點的環境。他

亟思找尋救命稻草擺脫苦悶的日子，偶然看見我的部落格，而開始接受理解自我的諮詢。

結果發現 K 先生「適合能徹底把時間給眼前的人的環境」，於是他開始轉為個人職涯顧問。K 先生因而如魚得水，工作時間少了一半，但收入卻是以前的兩倍。

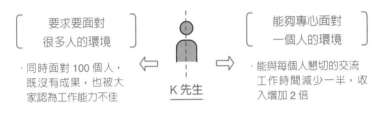

| 要求要面對很多人的環境 | K 先生 | 能夠專心面對一個人的環境 |

·同時面對 100 個人，既沒有成果，也被大家認為工作能力不佳

·能與每個人懇切的交流工作時間減少一半，收入增加 2 倍

如果你認為自己「社會適應不良」，請聽我說 —— 你不是「社會適應不良」，只是現在的環境不適合你而已。

一定有適合你，能讓你發光發熱的環境。利用本書一定可以找到，讓我來幫助你！

───── POINT ─────

你不是社會適應不良，
只是現在的環境不適合你而已。

「才能×技能・知識＝強項」

到目前為止，大家應該已正確了解公式①「缺點←
才能→優點」了吧！

接下來要說明第二公式。

就是「才能×技能・知識＝強項」。

事實上本書希望大家能夠獲得的，就是比「優點」
更上一層樓的「強項」。

所謂的強項，是「產出成果的能力」。

如果可以理解這兩大公式，你就會清楚自己今後該
把時間花在什麼地方。

皮卡丘不要練習飛葉快刀

「既然是皮卡丘，就不要去練習飛葉快刀。」

在演講時，我這麼一說，聽眾瞬間露出驚訝的神

色。這是我在說明公式②「才能×技能‧知識＝強項」經常用的比喻。

　　請想像一下，皮卡丘要練成使用葉片攻擊對手的「飛葉快刀」招式，不覺得「想必很吃力」嗎？

　　意思就是，想要練成不適合自己屬性的招式會非常吃力。

　　皮卡丘是電屬性的寶可夢，拼命練習草屬性招式，身體也不會射出葉子。

　　即使學會完美的投擲葉片，也不會造成多大的傷害，所以無法在對戰中勝出。不管再怎麼練習，也不會像葉子從體內長出來的妙蛙種子那樣，巧妙的使出飛葉快刀招式。如果沒有「才能」，即使乘上「知識、技能」，也只能展現很小的成果。

皮卡丘練習飛葉快刀也不會有成果。

〔才能〕　×　技能知識　＝　~~強項~~

電屬性的「皮卡丘」　　練習「飛葉快刀」草屬性的招式　　只能造成小小的損傷

　　另一方面，本來體內就能產電的皮卡丘如果練成「10 萬伏特」的招式，情況又會如何？養成與自己契合

的「知識、技能」，會產生莫大的威力，在寶可夢對戰中必然容易勝出。

　　事實上在寶可夢的世界有種機制，如果招式和自己的屬性相同類型，招式的威力會增加 1.5 倍（電屬性的皮卡丘使用電招式攻擊力 1.5 倍）。而這種機制不只適用於寶可夢的世界，也通用人類的世界。

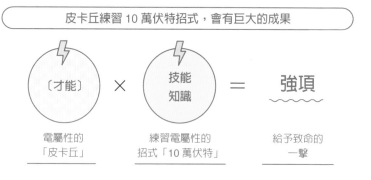

皮卡丘練習 10 萬伏特招式，會有巨大的成果

〔才能〕 × 技能知識 ＝ 強項

電屬性的「皮卡丘」　練習電屬性的招式「10 萬伏特」　給予致命的一擊

利用「強項乘法」創造「特殊的存在」

　　以我來說，我想要活用「建立體系並傳授」的「才能」，所以就去培養「經營部落格的知識」與「寫文章的技能」。這麼一來就可以透過部落格傳達資訊，目前瀏覽量已突破 2600 萬次。

　　也就是說「在部落格發表系統化的文章」成為我的「強項」。

　　這個經驗讓我深刻感受到「要培養符合自己才能的

技能與知識」的重要性。

八木仁平的「強項乘法」實例

〔才能〕 × 技能知識 = 強項

建立體系
並傳授　　　經營部落格的知識　　　在部落格發表
　　　　　　撰寫文章的技能　　　　系統化的文章

這個話題還有後續。

我又在公式乘上「理解自我的知識」。

結果就是我培養出「將理解自我以系統化的文章說明」的強項，而有了「寫出暢銷 30 萬本的自我理解書籍」的成果。

像這樣「才能」乘以「技能與知識」的算式，就能造就出特別的「強項」。

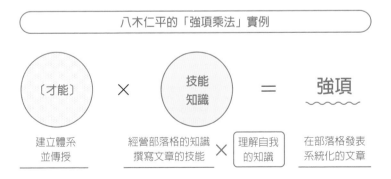

八木仁平的「強項乘法」實例

〔才能〕 × 技能知識 = 強項

建立體系
並傳授　　　經營部落格的知識　×　理解自我　　在部落格發表
　　　　　　撰寫文章的技能　　　　的知識　　　系統化的文章

找到才能前，不要忙著「考證照」

「為了將來著想，不是要有一技在身比較好嗎？該朝哪方面加強呢？」

有這類煩惱的人還不少。

但是焦急盲目地努力，只是浪費時間和金錢，徒有很多用不到的知識技能。

「我去學程式設計，但是覺得好挫折。」

對我說這句話的是 20 多歲的 Y 先生。他基於大學必修課的緣故，開始學習程式設計。聽說一旦學成等同有了「鐵飯碗」，所以學得很認真。然而熬夜苦讀還是無法完成，最後大學作業還是靠會寫程式的朋友代打，好不容易才取得學分。

事實上幫 Y 先生寫作業的朋友，跟他在同一個時間點開始學寫程式。也就是說，他朋友不但兼顧大學課業和程式設計，還幫了 Y 先生寫作業。知曉這一切的 Y 先生，不禁自責「我真的程度這麼差嗎？有這麼笨嗎？」

「強項乘法」的失敗例子

〔才能〕 × 技能知識 = ~~強項~~

未發現　　程式設計　　……

請務必遵守「才能→技能」順序

像 Y 先生那樣，基於「因為可以賺錢」「似乎是個鐵飯碗」的緣故而開始學東西，是很難花開結果的。之所以如此，多半是因為沒有檢證過技能是否符合自己的才能就去做的緣故。

發現才能，配合才能去學習技能，效果才會立竿見影。

Y 先生好好分析自己之後，發現自己的才能是「用話語打動人心」。

那麼找到才能之後才去選擇學習技能的 Y 先生，現在如何呢？

Y 先生現今除了本業之外，還兼職演出。有收費的現場演出約有 100 名觀眾，影片則有 300 人觀看。

「用話語打動人心」的才能，再加上「聲音訓練」「練習寫歌詞」，寫出了能打動人心的歌曲，並將之傳播出去。獲得現場聽眾「給我好多勇氣」「好喜歡勵志的歌詞」的評價。Y 先生獲得了「傳遞打動很多人心的歌曲」的強項。

Y 先生「強項乘法」實例

〔才能〕 × 技能知識 = 強項

用話語
打動人心

進行聲音訓練
練習寫歌詞

傳遞打動
很多人心的歌曲

　　Y 先生說「相較於學習程式設計時，樂趣截然不同。雖然一樣是在學習技能，但是一點都不覺得苦」。這就是「才能」和「技能、知識」沒有落差。

　　首先要了解自己的「才能」，然後去培養合適的「技能」，這才是捷徑。如果能做到這一點，你就能成為「不可取代」的存在。

將「才能」變成專屬「強項」的三個步驟

　　彙整前面說明的「有關才能的兩大公式」之後，要將「才能」變成專屬於你的「強項」，則需三個步驟。

步驟 1　發現才能──〈CHAPTER 3〉

首先要從「不知不覺會去做的事」當中發現才能開始。在此可利用「三個才能」來增加自信。

在〈CHAPTER 3〉發現自己的才能之後，會有一股力量從腹部湧現並遍及全身，變得非常想要好好的活用才能。

步驟 2　活用才能──〈CHAPTER 4〉

接下來利用公式①「缺點←才能→優點」，將你發現的才能，以「優點」的方式活用。

熟悉才能使用的方法，就能在「讓才能發揮成為優點的環境」發光發熱。

步驟 3　養成才能──〈CHAPTER 5〉

能將「才能」以「優點」的方式發揮，最後再用公式②「才能×技能‧知識＝強項」。

「才能」經過適當的培養成為「強項」才算「大功告成」。

「該怎麼做才能知道什麼『技能‧知識』能配合自己的才能？」應該也會有人有此疑問。有關這一點則會在〈CHAPTER 5〉詳細說明，敬請期待。

順著「發現→活用→養成」三個步驟，可以讓你的才能有最大程度的發揮。

從此不再對生存方式感到迷惘，真的豁然開朗。曾經認為處處受限的世界，也突然變得自由。你可以自在的用最真實的自我過生活。

　　你的才能正等著被發覺。

　　改變對自己的看法，接受真實自我地過生活的感覺，請務必去體驗看看。

　　下個章節終於要進入「發現才能」了。

　　請跟我一起踏出活出真我的第一步吧！

POINT

你的才能正等著被你發覺。

才能公式彙整

什麼是才能？＝「不知不覺會去做的事」

特徵 1	就隱藏在「你覺得理所當然的事情」中
特徵 2	以「動詞」來表現
特徵 3	「遺傳」決定 50%。但是可以改變「看法」

公式① 「缺點←才能→優點」

才能就像菜刀。同樣是菜刀，可以拿來傷人，也可以用來做菜使人幸福。

─ 缺點 ─　　←　才能　→　　─ 優點 ─

公式② 「才能×技能・知識＝強項」

皮卡丘不要去練飛葉快刀。
去練習 10 萬伏特！

| 〔才能〕 | × | 技能
知識 | ＝ | 強項 |

| 電屬性的
「皮卡丘」 | 練電屬性的招式
「10 萬伏特」 | 給予致命的
一擊 |

「這是才能嗎？」
迷惘時的 7 大確認項目

「找到才能」的時候，可能會不知道「這真的是我的才能嗎？」

可以用使用才能時獨有的特徵來判斷。共有 7 大特徵，可以看看中了幾個，來判斷是不是才能。

0～3 個：不是才能

4～5 個：有可能是才能

6～7 個：是才能

下頁的圖表中分為以下 3 個階段：

・前：才能使用前的特徵

・中：才能使用中的特徵

・後：才能使用後的特徵

覺得困惑的時候，可以確認看看。

		有才能	沒才能
前	1	會被活動所吸引	對活動敬而遠之
中	2	沒有壓力	有壓力
	3	做的時候覺得很像自己	做的時候覺得不像自己
	4	做得順	做不順
	5	可以及早完成	無法及早完成
後	6	做的時候 覺得時間過得很快	做的時候 覺得時間過得很慢
	7	做完之後很充實	做完之後很疲勞

CHAPTER

3

挖掘沉睡體內的寶物
「發現才能技巧」

「我沒有才能」這種想法大錯特錯

從本章開始會更加有趣。

〈CHAPTER 3〉的目標是完成「才能地圖」。

才能地圖是為了可以一眼就看到專屬於你的才能的一張圖。這張才能地圖的製作方式一點也不難，只要照著步驟，絕對不會感到迷惘，可以安心地一步步往下做。

即使你現在仍覺得「我真的有才能嗎？」也沒關係。在找到才能之前，大家都是這樣的。

在了解對你而言是理所當然的事，就是才能時，你一定會大為驚訝「哇！這就是才能啊！」

找到自己才能當下那種興奮到心跳加速的感覺，我期待你們一定也能體驗到。

有絕對的自信「這就是我的才能！」

我說過「任何人都可以找到才能」。

但是比「找到才能」更重要的是「對才能有自

信」。我研發的理解自我程序，迄今已經有超過 1000
人接受諮詢。當中了解到很多人其實隱約感受過「或許
這是我的才能」，卻沒有自信。

　　你是不是也有一件事讓你覺得「這可能是才能？」
即便真的有，對此能不能抱持自信心，將使你的人生截
然不同。

　　例如對「我可能擅長彙整資料」半信半疑的人，相
較於很有自信地認為「我很擅長彙整資料」，後者較能
活用、培養才能。

　　而有這份自信，身邊的人也會感受到，所以被託付
的工作也會變多。

《 對才能沒自信的人 》　→　《 對才能有自信的人 》

想要活用、培養，
身邊的人也會知道

　　但是正因為「才能」並非肉眼可見，所以能自信滿
滿地說「我有這種才能」的人少之又少。

　　那麼該怎麼做才能「對才能有自信」？事實上「找
到四個以上可以顯現才能的經驗」就能讓你變得有自
信。容我具體說明一下。

　　在此問問各位。

　　「獨輪車」和「汽車」哪種車遭大風吹的時候容易

倒下？

　　當然是獨輪車比較容易倒。有四個輪子的汽車，除非是非常強勁的風，否則不會翻倒。

　　想要對才能有自信也一樣。對才能沒自信的人，就像獨輪車，只有一個經驗，所以無法支撐。例如：

　　「聚餐的時候，我都會不自覺的去關照那些插不上話題的人，說不定我有讓所有人不尷尬的才能。但是也可能是碰巧而已。」

　　即呈現下圖這種狀態。

　　看了這張圖之後你感覺如何？總覺得搖搖晃晃好像要倒了一樣。

　　實際上在這種狀態下即使做出舉動，也會因為旁人一句「這樣做比較好」而信心動搖，停下來不做。

　　對才能沒有自信的人，「那樣做好嗎？這樣做好

嗎？」因搖擺不定而浪費時間，當然不會有成果。

那麼對才能有自信的人是什麼狀態？

已經了解的人會很敏銳。

對才能有自信的人，一個才能會像汽車一樣，有好幾次的經驗支撐。

例如「讓所有人都不尷尬」的才能：

・聚餐的時候會跟插不上話的人攀談
・小時候雖然不安但仍會找轉學生講話
・住在分租公寓時，以小管家的身分訂定讓大家都很舒服的規定
・大家都說跟我在一起的時候很舒服

以經驗支撐是這樣的狀態。

這就不是會隨隨便便就倒掉的結構了。

只要變成這種狀態，不管別人怎麼說，你都會有「這是我的才能」的自信，並運用於人生。

擁有「這是我的才能！」不可動搖自信的方法，就是「找到四個以上能展現才能的經驗」。

雖說如此，或許你會想「八木老師，話不是這麼說，我根本沒有什麼善用才能的經驗啊！」

沒問題！才能是像呼吸一樣自然的東西，所以你只是還沒發現而已。在本章裡，將使用三個方法來發現才能，所以你一定可以找到善用才能的經驗。

POINT

對才能沒有自信的人
只找到 1 個發揮才能的經驗

對才能有自信的人
找到 4 個以上發揮才能的經驗

製作一生受用的「才能地圖」

接下來要進入發現才能的具體行動。找到才能到擁

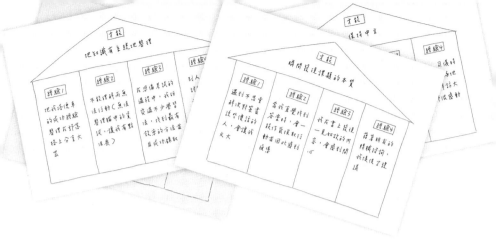

有自信的順序非常簡單。

- ·3大技巧找到才能
- ·找到才能後加以整理製成「才能地圖」

只有這樣而已。

你可能會問「什麼是才能地圖？」

才能地圖是在 A4 紙上，針對單一才能，寫上四個相關的經驗，是非常簡單的工具。

讀完本章會做出三張才能地圖，成為「對三種才能有自信」的狀態。一旦完成，在面試時如果被問到「你擅長什麼？」時，就能馬上以地圖為本，說出具體的經驗和才能，讓對方認同你。完成的才能地圖將是一張能確保你永遠不會失去才能的地圖。

從各個角度尋找才能，避免遺漏

那我們準備好來尋找才能。

就用三大技巧來發現才能。

①回答 5 個問題

②從 1000 項列表中選擇

③從 3 個切入點詢問他人

每一作法都非常簡單，人人都會。

活用這三大技巧，可以從各個角度去審視你的才

能，找到讓你對才能有自信的證據。

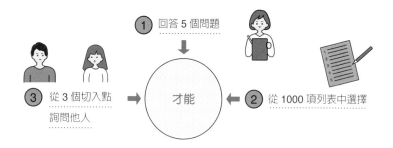

進行發現才能作業的三個重點

為了找到你專屬的才能，在此介紹三個希望大家記住的重點。

重點 1　現在無法做作業也沒關係

如果你現在沒時間，無法進行作業也完全沒關係。因為各個作業都有準備了好幾個答案範例，光是看過一遍，也能找到「這個答案感覺跟自己很接近」，因而察覺到自己的才能。現在沒辦法好好全心投入作業的人，就先從閱讀開始。

重點 2　單一作業有好幾個答案也沒關係

接下來會介紹作業內容，不過完全不用拘泥一個作業只能有一個答案。甚至是源源不絕也無妨。因為三個作業結束後，會教大家如何整理答案。

重點 3　做不出來也不用在意

相反的，遇到一時間完全沒有想法的作業，可以先跳過去。可能有人會想「可是我想要全部都完成……」

舉辦講座，在進行這項作業時，很多人答題都非常

認真，往往會認為「一定要全部做完」。遇到想不出答案的，反而會自責。

　　但是不管做哪一個作業，找到的都是同一個「才能」。所以即使有作業做不出來，也還是能找到才能。這些作業中都經過精心設計，一定能找到才能，請快快樂樂地去做。

〔發現才能的技巧①〕
回答五個問題

　　那麼就透過問題來發現才能吧！

　　總共有五個問題，所有的問題都有回答範例可以參考。

Q1 會對他人感到惱怒的事情是什麼？

　　什麼事會讓你對別人感到惱怒？你一定會想，為什麼對別人生氣可以發現「才能」？那是因為會感到憤怒的原因通常有以下兩個：

　　‧「如果是自己一定會去做」
　　‧「如果是自己一定不會這樣做」

　　也就是說「對自己而言是很普通的事情」，看到別人做不來時，會因為「為什麼連這種事都做不到？」而感到不悅。但是這種「惱怒」時刻，正是發現才能的契機。「惱怒」的另一面一定隱藏著你的才能。

　　舉個具體例子。
　　我的朋友中，有位每次聚餐都是焦點人物的人。
　　某次聚餐那位朋友跟我說：「那些老是說著無聊話題的人實在讓人很受不了。」我完全沒有這種感覺，所以對他這番說詞很驚訝，而留下深刻印象。
　　一定是他總是能風趣的炒熱氣氛，所以才會這麼說。
　　那位朋友就是擁有「不知不覺就能幽默風趣逗樂大家」的「才能」。
　　從這個問題發現「才能」，只花了 10 秒鐘。

· 先想一想哪些事會讓你惱怒

➡ 接下來想想哪些事對你來說理所當然,所以會感到惱怒

再來介紹具體的例子吧。

「對他人感到惱怒的事?」回答範例

· 對於「沒有考量對方的立場就說三道四」的人很生氣
　➡ 理所當然「能考量對方立場」就是才能
· 對於「重複犯錯」的人很火大
　➡ 視「發生問題時就應該從根本解決」為理所當然,
　　這就是才能
· 對「說話前後矛盾」的人很惱怒
　➡「思考事情時條理清晰」為理所當然的才能

　　如前文所述,對他人惱怒時,不是去指謫對方,而是以「反過來說就是自己的才能」的角度來看。如果能夠這樣,人際關係會更融洽,人生也比較輕鬆。

　　往後跟人相處時,也免不了有感到惱火的時候,請試試看使用這個技巧。不但能發現自己的才能,還能讓人際關係更輕鬆,是一舉兩得的技巧。

讓你惱火的人，正在告訴你，你的才能在哪裡。

Q2 經常被雙親或師長告誡的事是什麼？

會被雙親或師長告誡的事是什麼？

「被告誡不就代表著不能做嗎？為什麼可以從這裡找到才能？」你可能會這麼想。會被告誡，通常是你突出的地方。因為引人注目，所以才會被告誡。

例如時速可達 300 公里的 F1 賽車，如果行駛在限速 50 公里的道路上會發生什麼事？稍一不留神輕輕踩個油門，馬上就會被告誡已經超速。如果遵守速限，那就無法發揮潛能，必然會很痛苦。但是如果是在 F1 賽車場，就能夠盡情加速。這樣你應該懂了吧？

沒錯。那些你自然而然去做卻會被告誡的事情，就是才能，將它轉移到可以發揮優點的環境非常重要。

CHAPTER 3 挖掘沉睡體內的寶物「發現才能技巧」

例如「總是只在意負面的事情」不管怎麼看都會是缺點。

有這個缺點的 U 先生，總是被身邊的人告誡「不要一直去想負面的事」。因此他自己也用「這是個讓人困擾的缺點」的否定角度，努力不表現出這一面。

但是當他從事召開避免被砲轟的道歉記者會專職工作時，這就成為有用的優點。徹底破除了他的負面思考風險，並贏得客戶的信賴而委以工作。

以我來說，高中時世界史考了 0 分，被老師罵了一頓。因為大考的科目沒有世界史，所以就把時間拿去念別的科目，結果就考了 0 分。從這裡我發現自己有「捨棄不需要東西」的才能。

那些「怎麼看都是缺點」的特質，一定能在其他地方發揮成為優點。

看起來像缺點，卻能活用成為優點的範例

· 對事情疑神疑鬼

　➡可以成為追究探真的記者

· 不聽別人說話，自己喋喋不休

　➡成為專職講師

· 別人沒問也會給建議「這樣做比較好」

　➡去當顧問

· 容易喜新厭舊

➡當創業家，不斷創業

· 經常批評政客

　➡去當諷刺社會的饒舌歌手

　　像這樣從被告誡的事情中找到自己的才能，也非常簡單。

　· **回想自己被告誡的事**

　　➡**想想自己「不知不覺就會去做」的缺點，換個角度看成是優點**

　　例如可以試著如下回答：

「被雙親或師長經常告誡的事？」回答範例

· 被告誡不要喜新厭舊

　➡「對新事物興致勃勃」的才能

· 被告誡不跟雙親討論就做決定

　➡「自己做決定」的才能

· 被告誡冷漠、不夠體貼

　➡「不感情用事、冷靜判斷」的才能

　　從你被告誡的事情中找到才能之後，今後的人生請選擇「可以活用此才能的環境」，然後在那裡活下去。

即使錯了，也不要待在不斷被告誡的環境中持續努力。

　　如何找到可以發揮才能的環境，在後面〈CHAPTER 4〉會說明。

　　首先在本章中找到你的才能吧！

Q3 有沒有被禁止後會感到很痛苦的事？

　　你知道為什麼可以從被禁止後會感到痛苦的事裡找到才能嗎？如果能在這個時間點發現到，那你就是發覺才能的高手。

　　我重申過好幾次，才能是「不知不覺就會去做的事」。對我來說，做那些事的時候很自然，不做反而不正常。因為無意識間就會去做，所以被禁止的時候會覺得特別痛苦。

　　就像禁止鳥兒在天空飛翔，只准牠在陸地行走一樣。

　　我的好友 T 先生在新冠疫情外出受限期間，因為被禁止「與

人見面交談」而萬分沮喪。

也就是說，他具有「和別人溝通」的才能。

順道一提，我即使被禁止「與人見面交談」也不會感到痛苦。我告訴 T 先生時，他還大吃一驚。大家覺得如何？「才能」就是這樣因人而異。

這個問題請依照以下的順序回答。

1. 請想想什麼事被禁止去做會讓你感到痛苦？
2. 哪一種「不知不覺會去做的事」被禁止了？

第一個問題是重點。直接被問道「被禁止去做的話會感到痛苦的事」，可能一時間想不到。如果你正是如此，推薦你可以想想「至今為止讓你最受不了的環境是哪一種？」因為那些多半都是你會被阻擾去做「不知不覺會去做的事」的環境。

想想讓你
最受不了的環境

也就是「你不知不覺會去
做的事」被禁止的環境

疫情期間禁止「人與人
接觸對話」，很痛苦

「不知不覺會去做的事」
是「和他人溝通」

關於這個問題也來介紹具體的回答例。

「被禁止去做會讓你感到痛苦的事？」回答範例

· 被禁止給看起來不健康的人建議很痛苦

　➡總是不知不覺「給予改善的建議」是才能

· 被禁止傾聽失意的人的心聲很痛苦

　➡不知不覺會「分享人們心情」是才能

· 被禁止讀書很痛苦

　➡不知不覺去「學習新知」是才能

　這些問題找到的那些被禁止後會感覺痛苦的事，如果是工作會怎樣？這麼一來已經不是「想上班」「不想上班」的程度，而是「不知不覺就會去工作」的狀態。

　此時「動力」的問題就從你的人生中消失了。換句話說，就是「現在因為無法激起動力而感到苦惱的話，才能就無法活用。」

　成功的秘訣不是「拿出幹勁」，而是「不用幹勁也能一直持續」。缺乏動力也能做的事，就跟你的才能息息相關。

　請務必用這個問題來找到這類的才能。

把「被禁止後會感到痛苦的事」當成工作，
就不用擔心缺乏動力的問題。

Q4 將缺點換個方式用「正因為如此」來說會怎樣？

再次重申，「缺點」和「優點」是一體兩面。

雖說如此，但是問「你有什麼優點？」很少人能馬上回答。而被問到「你有什麼缺點？」卻都能侃侃而談。你不覺得不可思議嗎？

事實上這關乎人的本能。人類具有相較於正面資訊，會更容易注意到負面資訊的「消極偏見」。因為人類的大腦會為了明天的存活而努力不犯錯，這是「狩獵採集時代」養成的習性，必須注意「危險」「風險」等負面事件。

注意「負面」的本能，在現今死亡風險下降的現代仍舊沒改變。大腦的進化趕不上社會的快速變化。

我們要利用這個本能，將容易找到的「缺點」變成「才能」和「優點」。

事實上有一句魔法咒語可以瞬間將「缺點」變成「優點」。

那就是「正因為如此」。

例如你覺得「自己很害羞，所以一直交不到新朋友」。

那改成「所以」「正因為如此」來說說看。

「正因為很怕生，所以才可以和重要的人好好相處」或是，「正因為很怕生，才可以有時間一個人好好思考」馬上換成這樣的說法。

不論怎樣的缺點，都能使用換句話說成為優點。

因此，關於這個問題請依下面的流程回答。

・**思考缺點**

　➡思考從缺點會產生什麼「才能」

「將你的缺點用『正因為如此』換句話說會變怎樣？」

回答範例

・跟人長時間相處會很累

　➡正因為如此，才能有時間一個人思考，想出新點子

・渴望被認同

　➡正因為如此，才會去做很多對別人有幫助的事

・說話太尖銳傷到別人

　➡正因為如此，才能推對方一把

・不擅長站在別人的立場思考

　➡正因為如此，才能坦率地說出自己的意見

‧ 不擅長按照指示做事

　➡正因為如此，自己才有主導性

‧ 不擅長臨機應變

　➡正因為如此，才會在事前好好準備

‧ 不擅長沒有目的性的閒聊

　➡正因為如此，才不會離題

‧ 不擅長學習

　➡正因為如此，所以可以靠別人而不用自己學

　　其他例子不勝枚舉。本書〈特輯 2〉收集了「1000 項才能具體實例」。

　　世界上一定有個地方，能讓有缺點的你「正因為如此」而發光發熱。

POINT

「正因為如此」將缺點變優點。

Q5 別人很討厭，自己卻樂在其中的事是什麼？

工作本來就不是那麼有趣，如果能找到做起來樂在其中的事情，等同於一種勝出。很多人都認為「工作伴隨著痛苦」，其實正好相反。所謂的工作是很有樂趣和喜悅的。有這種感覺做起來會比較開心，當然也更會做出好成績。

自己覺得像在玩，但是其他人卻視為工作，那這就是你的「才能」。如果感覺像在玩樂，一天做 16 小時，每週做七天也不會覺得辛苦。如果覺得是伴隨著痛苦的工作，那可就是苦差事。所以沒有人贏得了你。

「努力比不上熱愛。」

職場上經常會有這樣的說法。經過各種編撰流傳，《論語》中有一段「知之者不如好之者，好之者不如樂之者」（知道不如喜歡，喜歡不如熱愛），以俗諺來說就是「喜歡才會上手」。

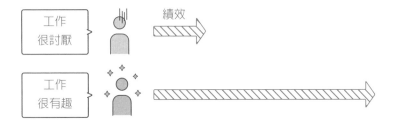

可能有人會認為「說到熱愛，大概只有打電玩才會有那種程度」。當然這也隱藏著「才能」。很多人熱中打電玩，但享受的樂趣卻因人而異。例如有些人是「喜歡晉級」，這具備了「穩定成長」的才能。

還有人「喜歡很快破關」，這種人就具有「思考有效率戰略」的才能。

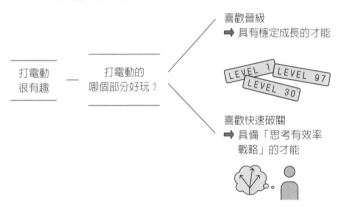

喜歡晉級
➡ 具有穩定成長的才能

打電動很有趣 — 打電動的哪個部分好玩？

LEVEL 1 LEVEL 97 LEVEL 30

喜歡快速破關
➡ 具備「思考有效率戰略」的才能

像這樣從「熱中的事情裡，尤其覺得哪個部分最有趣？」往下挖掘，就能發現你的才能，也就能簡單回答這個問題了。

·想一想「別人很討厭，自己卻樂在其中的事？」
➡尤其是哪一種活動能讓你感到有趣

「別人很討厭，自己卻樂在其中的事？」回答範例

· 主持會議

➡「讓大家發表意見」很有趣←這就是才能
・照顧動物
➡「每天照顧，看見成長」很有趣←這就是才能
・檢查文件的錯誤
➡「找錯誤」很有趣←這就是才能

　　從這些問題中找到才能，並且活用於工作中，你就不會覺得「工作怎麼都做不完～」，而是「怎麼時間一下子就過去了，還想要多做一點～」。
　　找到才能並活用，你將會感到過去的人生是黑白的，對這世界的看法也會改變。

> ### POINT
>
> 從「熱中的事物」往下挖掘可以發現才能。

讓「發現才能的技巧」成為每天的習慣

　　前面介紹了五個發現才能的問題。知道有這五個問題，但目前還找不到才能也沒關係。
　　閱讀至此，你已經有了「發現才能的觀點」，從明天開始光是在日常生活中，就會變得處處留心自己的才

能了。

不知不覺去發現才能就成為一種習慣。

書末的〈特輯 3〉收錄了〈發現才能的 100 個問題〉，希望大家多多利用，應該更能發現自己的才能。

接下來，利用剩下的兩個技巧找到才能的拼圖後，就可以做出一張「才能地圖」。

到那時你身上的各種經驗，全部都會串連在一起，成為支持一生的重大自信。

找到「才能」的 5 個問題

Q1 會對他人感到惱怒的事是什麼？

Q2 經常被雙親或師長告誡的事是什麼？

Q3 有沒有被禁止後會感到很痛苦的事？

Q4 將你的缺點換個方式用「正因為如此」說會怎樣？

Q5 別人很討厭，自己卻樂在其中的事是什麼？

〔發現才能的技巧②〕
從 1000 項才能具體實例中挑選

〔才能〕 ← ② 從 1000 項實例中挑選

發現才能的第二個技巧要介紹的是「從 1000 項實例中挑選」。本書最後特輯已為大家準備了〈1000 項才能具體實例表〉，將所有才能的「缺點」和「優點」都彙整在一起。請一邊看著列表，一邊選擇與自己經驗相符的才能。

認為「自己沒有優點」的人，看到這張列表之後，也會馬上改變想法。作法是：

·若符合列表項目就請畫「○」

只有這樣而已。
有兩個簡單的秘訣。

世界最簡單的才能發現法

秘訣 1　邊看缺點欄邊思考

一開始請先看「缺點」欄位，因為多數人都會注意到自己的缺點，比較容易發現。

秘訣 2　類似的才能要圈選完全吻合的

例如「用講故事的方式說話」「充滿臨場感的說話」是很類似的才能，但刻意將他們分開來寫。

為什麼會有類似的選項，是因為會產生「就是這個！」每個人感受的關鍵字不同。你可以只選擇其中一個，當然全部都選也沒問題。

不過要看完 1000 選項還是很費神。

所以你可以先從項目 1 ～ 100 下手。你可能會擔心「只有 100 選項，會不會有才能被遺漏」，沒問題的。因為相近的才能會以類似的詞句表現，所以只看 100 個就足以發現你的才能了。

光是從清單中挑選才能的方式，就能漸漸了解「自己才能的傾向」。不過這還只是序幕而已。

後面會藉由彙整才能地圖讓你更加篤定，接連不斷察覺到自己的可能性，從心靈深處湧現力量。

敬請期待那一刻的到來，一定要發現你的每一個才能！

從三個切入點詢問他人

③ 從 3 個切入點 ➡ 〔才能〕
詢問他人

前面介紹了發現才能的兩大技巧，這兩者都是一個人就能獨力完成。

但是自己再怎麼做也有極限，「一直無法跳脫自我既定的成見」。因為才能「對自己來說是理所當然會做的事」，所以即使找到了也會認為「這個任何人都會」。

為了要突破這層界線，接下來要介紹的是「詢問他人」的技巧。對自己而言「理所當然」，但是對他人來說卻是「特別」，要借助第三人的力量。

懷疑自己的感覺，相信他人的意見

你可能會質疑「別人的意見又不見得一定正確」。

根據一項針對 300 對情侶關於個性的研究中，伴侶判斷的得分正確性遠高於本人。

自己判斷
自己的個性

親近的人
判斷你的個性

壓倒性
的正確

不了解自己的，只有你自己

例如先前一位 A 先生跟我有過一段對談：

八木：「有沒有什麼不知不覺就會去做的事？」

A 先生：「旅行前我會先查好造訪地點的營業日期和交通方式，以分鐘為單位訂定計畫。」

八木：「這很厲害呢！這就是 A 先生的才能！」

A 先生：「不會吧～我覺得很普通。沒什麼困難的。」

八木：「可是我完全就做不來！經常到了目的地才發現店家公休……」

A 先生：「真的嗎？我一直覺得太過理所當然，所以都沒發現！」

像這樣的談話司空見慣。

身邊的人都很明顯的察覺到「這是才能喔」，但只

有自己沒注意到的情況還不少。

才能就像放到前額的眼鏡。自己很難發現，但是別人一眼就看到。

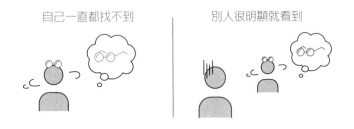

自己一直都找不到　　　　　別人很明顯就看到

從談話中找到才能的三個切入點

那要怎麼詢問才能讓身邊的人說出正確的意見？

你詢問的對象，應該幾乎都對才能一知半解吧。這時候如果你問「你覺得我有什麼才能？」「我是不是很會做菜？」之類的問題，也得不到你想要的答案。

所以詢問者必須確保適當的切入點。

在此介紹向他人詢問才能時，馬上就可以實踐的三個切入點。

一起來看看具體實例。

意外被別人稱讚的事？

首先第一個切入點；與其特地跑去問別人，不如從過去別人的話語中找到關於你的才能的「提示」。「沒有特別努力，卻受到大家稱讚的事是什麼？」

如果是非常親密的朋友或家人，也可以問問他們「有沒有什麼事是我做起來特別厲害的？」

再次重申，才能是「不是努力才做得到」，而是「不用努力也做得到」。是對你來說舉手之勞，但周遭的人看起來卻覺得「為什麼你做得這麼得心應手？」而感謝你的事。相反的，「你努力做到而被感謝的事情」是才能的可能性很低。

努力做到而被稱讚　沒有努力卻被稱讚

不是才能　　才能！

尋找才能的時候，你應該注意的是自己不用「努力」，而且能得到他人「感謝」的事。

這個切入點可以下述方式應用：

・想想有沒有不努力卻被感謝的事

　➡請思考你「自然而然會想去做的事」

介紹七個具體例子，以作為答題參考。

「意外被別人稱讚的事是什麼？」回答範例

・迷路時馬上去問路人，同行的人很開心得到幫助

　➡「不會顧忌找人幫忙」的才能

・上班時，跟同事和前輩仔細說明公司 Web 相機之類器材的使用方法，讓不擅長器材的他們很感謝

　➡「說明器材或系統使用方法」的才能

・被患者說感謝關心

　➡「關照他人」的才能

・別人避之唯恐不及的事情，自己卻積極去處理而受到感謝

　➡「能綜觀大局，填補漏洞」的才能

・跟孤立的人攀談並結為好友，對方很開心

　➡「讓所有人都能自在」的才能

・和朋友去旅行還在猶豫要去哪裡時，提出方案而被感

謝

➡「做出讓大家都開心的計畫」的才能

· 只是普普通通說明而已，卻被說「有條有理很好懂！」

➡「彙整後說明」的才能

　　這邊有一點希望大家注意。當別人讚美你的時候，你是不是會謙虛的說「沒什麼啦～」？以後請別再這樣做。

　　很多人被稱讚後都會自謙。因為覺得對自己而言太過理所當然，沒什麼了不起，所以很多人都沒發現才能。相反的，如果被讚美時坦率接受，比較容易察覺到自己的才能。

　　找到這個切入點後，會不會想著如果把「沒有努力做也被稱讚的事」當成工作會怎樣？當然會很容易就成績斐然，被感謝的機會變多，提升自我肯定，得到的酬勞也會增加。

　　回顧以往的經驗，即便是小事也無所謂。

　　因為「發現」才能之後，還需要透過「活用」「培養」的階段，才能變成大大受到別人肯定。請當作日後培養才能的種子，找出那些被讚美的小事。

努力過後才受到讚美→不是才能

沒有努力就受到讚美→是才能

詢問他人的切入點②

我和其他人不一樣的地方？

　　詢問別人「自己比其他人厲害的地方是什麼？」需要勇氣。所以可以試著問：「我和其他人不一樣的地方是？」你可能會想「詢問不一樣的地方有意義嗎？」所謂不一樣的地方，不論好壞都是「引人注目的地方」。

　　而差別在於不知道現在顯現出來的是缺點還是優點，雖然如此，「與眾不同之處」還是與「才能」息息相關。

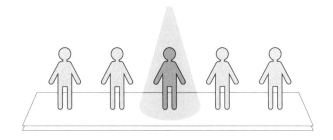

　　例如 W 先生被說「跟別人不一樣的地方，是能默默的進行既定又枯燥的作業。」W 先生以往有過經驗，遇

到主管說「可以照你自己的方式做」的時候，工作反而完全不知道該如何進行。

另一方面，如果在指示明確的上司底下工作，就能非常專心地將工作完成。

這種「不一樣」會隨著所在的環境而變成「缺點」或「優點」。

此處切入點的使用方式如下：

· **試試詢問「我和其他人有什麼不太一樣的地方嗎？」**
  ➡思考「此差異所造成的行為」

就這樣而已，非常簡單。

介紹三個回答範例。

「我和其他人有什麼不太一樣的地方嗎？」回答範例

· 被說「大家聚在一起嘰嘰喳喳時，只有你會靜靜的聽」
  ➡「聆聽別人說話」的才能
· 被說「看到路上有垃圾不會視而不見，一定會撿起來」
  ➡「下意識會守護環境」的才能
· 被說「對人事物不會執著這一點不太一樣」
  ➡「不需要的東西就放手」的才能

你現在所處的環境，如果會讓你的才能以「缺點」的方式顯現，可能就會陷入「為什麼我比別人差」的自我否定情緒。實際上並不是你「很差勁」，只不過是「不一樣」而已。將這個「差異」放在可以發揮優點的環境，培養之後使其開花結果。相關的技巧後續會傳授。

總之請先集中心力在找到「與眾不同之處」。這麼一來才能打開後續「活用才能」的大門。

POINT

並不是比別人「差勁」，只是「不一樣」而已。

詢問他人的切入點③

我做什麼事的時候看起來很開心？

發揮才能的時候，內心深處會湧現能量，而這股能量別人會很明顯的感受到。

好強的
能量啊⋯⋯

活用才能的時候，
能量會傳達給身邊的人

你買衣服的時候，怎麼判斷適不適合？應該是照鏡子客觀的看自己吧。尋找才能的時候也一樣，光靠自己判斷很困難。挑選衣服時的「鏡子」，就相當於了解自己時的「他人」。例如我就會問一直在身邊的妻子：

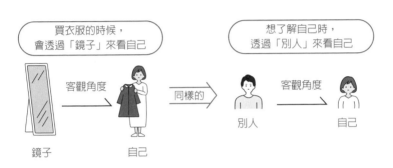

八木：「我做什麼事情的時候看起來很開心？」

妻子：「沒有任何行程，不停地寫文章的時候看起來很開心。」

八木：「啊？真的嗎？我自己沒感覺呢……」

妻子：「你沒有發現自己超級開心的嗎？」

如同這個例子，活用才能的時候，多半「過於自然而察覺不到」。

透過這樣的切入點，很容易就能找到才能。

· 詢問「我做什麼事情的時候看起來很開心？」

➡要聯想到是不是和哪個「不知不覺就會去做的事

（才能）」有關係

· 「學習英文會話的時候」看起來很高興

　➡「學習事物從不會到會」的才能

· 「思考如何節省的時候」看起來很開心

　➡「降低成本」的才能

· 「用 excel 讓作業自動化的時候」看起來很開心

　➡「思考提高效率方式」的才能

　　就當作是被騙也好，請試著用這幾個切入點詢問身邊的人。很多時候會得到讓人吃驚的答案，可以發現自己沒有察覺到的才能。

POINT

想要客觀審視自己的時候，請以「他人」為「鏡」。

夫妻吵架從「互罵」轉為「互捧」的契機

　　U 夫婦曾經差一點就離婚，理由是個性不合。

　　從平常記不起來的雞毛蒜皮小事，發展成夫妻吵

架。太太對先生說「為什麼你對我不能再多點感情?!」先生則是對太太說「為什麼你不能再冷靜一點?!」情緒爆炸的太太甚至曾經把從冰箱拿出來的冷凍雞肉丟向老公。

但是當先生學習了才能相關理論，兩人的關係產生了變化。

學到「惱怒的時候是因為『對自己而言理所當然的事』對方卻辦不到」的先生，每次要吵架時，都會當成「發現妻子有什麼才能的機會！」對太太的才能也更能理解。太太也受到影響，開始認同「才能不一樣」。

於是「互相責備不同之處的夫婦吵架」就變成了「活用不同之處的夫婦會議」。之後結合了兩人的才能，開創了「手作銷售事業」。

現在彼此都認為「對方是獨一無二的最佳拍檔」。

發現才能之前　　　　　　發現才能之後

像這樣使用前面介紹的「五個問題」與「三個切入點」，也可以應用在「發現他人才能」上。如果別人發

現了自己的才能，你也可以投桃報李幫他找到才能，成為彼此的鏡子。在書末特輯還收錄了〈詢問他人自己有什麼才能的 25 個問題（切入點）〉。

　　活用並且互相幫助發揮才能，一定能創造最美好的關係。

從談話發現才能的 3 個切入點
1 意外被別人稱讚的事是什麼？
2 我和其他人不一樣的地方？
3 我做什麼事情的時候看起來很開心？

用一張紙彙整人生，
打造一個歸屬地

到目前為止進行了三種作業，歸結出——

・才能以「動詞」表現
・才能是具體的「經驗」

那麼就把歸結出的東西彙整一起，做成一張屬於你的「才能地圖」。在房子圖案裡，將「才能」和「具體經驗」以成對套組的方式整理在一起，稱之為「才能地圖」。

在完成之際，你的人生經驗就濃縮在一張紙上，創造出一個像是隨時都可以回去的老家。

接著就來說明才能地圖的製作方式。

步驟①　將才能分為三～五個群組
步驟②　柱子的部分填入具體經驗
步驟③　完成三張才能地圖

靠這三個簡單的步驟，可以讓你對才能有自信，驚訝「這就是我的才能！」而對於能活用才能的未來興奮不已。

步驟①　將才能分為三～五組
首先將類似的才能整理一下。

將目前找到的「用動詞表現的才能」全部寫出來。

接下來用關鍵字歸類，分為三～五組。

推薦使用便條紙，整理起來比較方便。

相似的才能整理好之後，接下來用動詞一句話來表現這些才能。

依照分組的數量，準備好畫上房子圖案的 A4 紙，將各個才能寫在屋頂的部分。

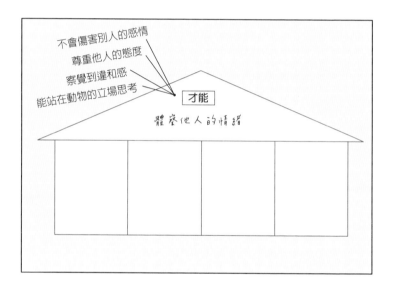

步驟② 梁柱填入具體的經驗

才能地圖的梁柱部分，請填入與才能有關的具體經驗。在本章中，目的是要相信自己有的才能，所以填寫在梁柱的才能內容就算是視為「缺點」的經驗也無妨。填入四個以上的具體經驗，才能地圖就完成了。

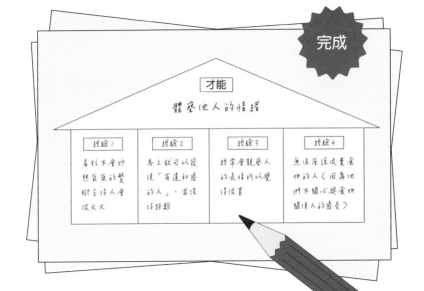

步驟③　完成三張才能地圖

　　最後如果可以完成三張才能地圖，成為對於三種才能有自信的狀態，「發現才能」的作業才算結束。

　　當然如果你能做四張以上的才能地圖，就盡情去做吧。

　　如果放在屋頂的才能，或是梁柱的具體經驗不夠，可以追加進行本書最後的特輯。

　　如果可以接受稍微花一點錢，也推薦第四個發現才能的方式──「才能診斷」。應該接受哪種才能診斷，在書末特輯會說明，有興趣的人可以去閱讀。

　　才能地圖完成後，你會對自己的才能擁有「就是這個！」的自信。

　　在漫長的人生道路，遇到迷惘的時候，請回來看看「才能地圖」，可以再次重拾自信向前邁進。

將「平凡才能」轉變為
「出色才能」的思考法

　　將有自信的「才能」組合一起，專屬於你的「特殊才能」於焉誕生。

　　例如以我來說，我具有「學習新知」的才能，但是也有比我厲害的人。

　　不過我也有「彙整知識」的才能，還有「簡明傳達」的才能。

　　分開來看，每一項都只是「不知不覺會去做」的平凡才能，但是能同時擁有這三種才能的人就不多了。

　　將這些組合起來，就是「能將所學到的知識系統化，並簡明傳授」專屬於我的特殊才能。

　　要如何將三種才能組合起來？如果還不知道也沒關係。

　　在活用才能的過程中，你會慢慢發現才能之間的連結，然後某個時刻會像是被雷打到那樣，衝擊且感動的發現「這就是我的特殊才能」。

　　就請一邊期待那個瞬間來臨，一邊跟著我一起進行下一個步驟吧。

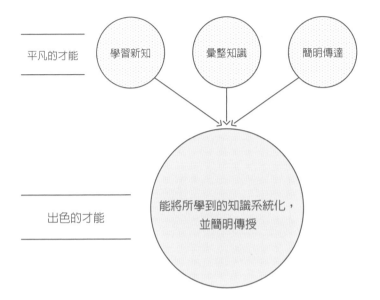

平凡的才能　學習新知　彙整知識　簡明傳達

出色的才能　能將所學到的知識系統化，並簡明傳授

POINT

將「平凡才能」加以組合，也能變成「出色才能」。

4

充分展現自我的
「活用才能技巧」

不可以只滿足於「接受自己」

前面的篇章是說明才能的「發現→活用→培養」的「發現」流程。接下來要進入「活用」階段。

靠著「發現」才能，可以用話語形容自己目前為止的人生，會讓人非常安心。

我看過很多例子，那些目前為止感到活得很不容易的人，得知了以下概念而變得可以接受自己。

·因為自己是高敏感族群，而活得很辛苦
·自己是內向型，而活得很辛苦

「我不了解自己」「我覺得自己對社會適應不良」的狀態讓他們抱持極大的不安。當終於可以解釋清楚為什麼會這樣，就會感到安心。這跟身體不舒服的時候，到醫院看診終於確定自己得什麼病的感覺一樣。

我得知「內向型」的概念之後，變得能夠接受自己，有種被拯救的感覺。希望你也能實際體會到這種感受。

但是，絕對不能停在原地。

重要的是，要如何活用「你擁有的特質」。不要只是發現自己原來是條魚，也需要去思考魚要如何生存。

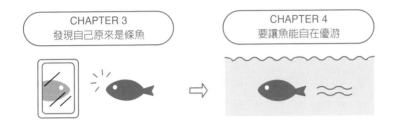

本章會將「活用才能的技巧」系統化地傳授，往下讀可以學會終生受用的活用才能原則。

以往自己完全無法想像的可能性，請在本章中充分體驗。

穩定前進的人所實踐的「遊艇法則」

活用才能的技巧其實很簡單。你需要做的事只有——

- **善用優點**
- **掩蓋缺點**

那麼「善用優點」與「掩蓋缺點」該按照什麼樣的順序進行？

在此介紹「遊艇法則」。

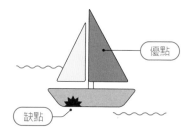

首先「優點」相當於遊艇的「帆」，而「缺點」則是「船底的破洞」。

遊艇的帆越大，受風面也越大，更容易前進。同樣的，人只要能善用優點，前進的速度就勢不可擋。相反的收帆時無法受風，遊艇哪都去不了。而遊艇「船底的破洞」如果放任不管，則會沉船沒入水中。同樣的，假若對於缺點視而不見，總有一天會出現大問題。

那從「遊艇法則」中，我們該如何面對優點和缺點呢？

正確面對「優點、缺點」的態度

你如何對待優點和缺點？

通常會有以下三種選項：

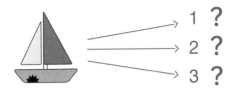

「改善缺點，優點維持現狀」

第一種方式是「改善缺點，優點維持現狀」。很多人都會選擇這種方式。

「只針對弱點做些改善」的行為，就像修理船底破洞，防止漏水。的確漏水（缺點）不處理，遊艇就會沉沒。

但是，即便是修理了漏水的地方（缺點），如果不張開帆（優點），是無法前進的。

想必有不少人聽到這番話後才驚覺「我只修理了船底的破洞，結果都沒前進」。

因為很重要，所以再強調一次，只注意負面事物是人類為了生存所培養出的本能，你並沒有錯。

而學校更強化了此一本能。大家恐怕都是努力想要提升不擅長科目的成績吧！如果有五科滿分各為 100 分的考試，相較於去提高考 80 分的擅長科目，還不如去提高考 20 分不擅長的科

目來得受鼓勵。但是出社會之後才開始知道「個性很重要」。因為「滿分 100 分」根本沒上限，可能是「1 萬分」甚至「1 億分」。

這就是「學校」和「社會」的落差。出社會的當下，就要把想法切換成「發揮優點」的思考模式。

選擇 2

「活用優點，忽視缺點」

第二種方式是「只活用優點，完全忽視缺點」。

這是非常 NG 的方式。

很多人把常言道「要活用優點！」曲解成「只要思考如何活用優點就好」。

這 種 想 法 為 什 麼 NG，理由也很簡單。即使船帆張開，如果放任船底漏水不管，總有一天會無法再前進。

以我為例，我不擅長事務性雜務，也沒有心思去處理。更沒想過會因此造成我無法集中精神在喜歡的工作上，有段時間信用卡還被停用。

像這樣漏水，在某個時間點就會嚴重到讓船無法前進。如同必須把水排出遊艇一樣，我必須去繳清那些催

收的帳單。

忍視缺點的結果，雖然還能前進，但是會定期性停住，無法趁勢不斷往前。

其他也有因為忽視缺點而停住的例子。

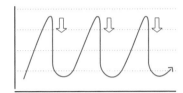

忽視缺點而停止的模式
- 忽視金錢問題而導致欠債
- 輕視人際關係，導致沒人能幫忙
- 雖然持續學習，但完全沒有付諸行動，也沒成效
- 有很多新的點子，但都無法落實

很多人的人生驚濤駭浪不斷，都是因為忽視缺點所造成。你是不是心裡也有譜了呢？

選擇3
「活用優點同時改善缺點」

最後，第三種方式是「活用優點的同時也改善缺點」。

我想你應該也明白，這是我希望大家去做的理想方式。

那麼為什麼「活用優點同時改善缺點」比較好呢？

舉我的例子來說明。

我很缺乏健康意識。出社會後有近五年的時間，一直持續以下的飲食習慣：早餐，一杯全糖的拿鐵，加上塗滿奶油的可頌麵包；午餐，大碗拉麵；晚餐在居酒屋吃炸物配啤酒。而且可樂是我的冰箱常備品，此外我的工作是整天坐著打電腦。

不知不覺就胖了 10 公斤，出現雙下巴，T 恤也變得很緊。維持這種生活習慣的下場，就是幾乎每個月都會感冒臥床一次。

到了某個時間點，漏水多到無法前進，促使我必須把水排出遊艇。

我到現在還是沒什麼健康意識。

所以我太太會管理我的飲食。在她的打點下，已不再喝可樂和全糖的拿鐵，也漸漸沒那麼愛拉麵了。而且曾經最討厭的生菜沙拉竟然變成最愛，甚至到了不吃沙拉會不舒服的地步。

不知不覺體重就少了 10 公斤，認識太太之後只生病過一次，而且三年內都沒有臥病不起的紀錄。拜身強體健所賜，出版的書成了暢銷書，公司業績也不斷成長。我很感謝幫我改善缺點的太太。

我的遊艇在防治漏水（缺點）的同時，也張大船帆（優點）全力疾駛。我希望大家能實現的，就是這種

「活用優點同時改善缺點」的
方式。

　　從我的例子你就可以知
道，「改善缺點」不需要全部
靠自己。

　　改善缺點的方法共有三種，後面會詳細說明。而
「活用優點同時改善缺點」的思考方式也不局限於個
人，同樣適用於團隊。

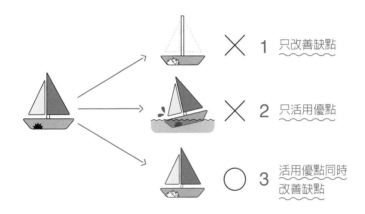

　　任天堂前社長岩田聰在他的作品《岩田聰如是說》
中寫著：「我們擅長什麼、不擅長什麼？我認為管理者
應該好好的理解清楚，並引導組織活用我們所擅長的，
並防止暴露我們不擅長的，朝這個方向發展。」

　　「活用優點同時改善缺點」的想法，正是能讓人類
潛能可能性極大化發揮的方式。

POINT

活用優點並改善缺點才能不斷前進。

「陷入惡性循環」與「創造良好循環」只有一個差異

前面談到「活用優點同時改善缺點」的重要性。接下來要關注的是——

「那麼應該先活用優點？還是先改善缺點？」

這的確是個問題。而且，實際上順序非常重要。

「先善用優點，接下來才是改善缺點。」

順序絕對不能搞錯。

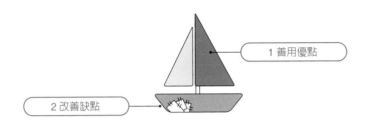

1 善用優點

2 改善缺點

　　理由是「如果能善用優點，但缺點就不容易顯現」。這可以用心理學基礎理論之一的「擴展與建構理論」來說明。所謂的「擴展與建構理論」就是「抱持正向的情緒，可以擴展眼界，提高解決問題的能力」。

　　先善用優點，可以變得正向並擴大眼界。這麼一來，自然就能找到改善缺點的方法。然後優點又能進一步得到發揮，產生良性循環。

　　很多人都會先把焦點集中在「缺點」，因而變得負面，眼界也變得狹窄而錯誤連連，陷入惡性循環。為了避免這種狀況，大家要記住「先善用優點，再改善缺點」的順序。在下面的章節中，終於要開始學習讓才能發揮成優點的技巧。

CHAPTER 4　充分展現自我的「活用才能技巧」

POINT

先注意優點，就開啓正面循環。
先注意缺點，就開啓負面循環。

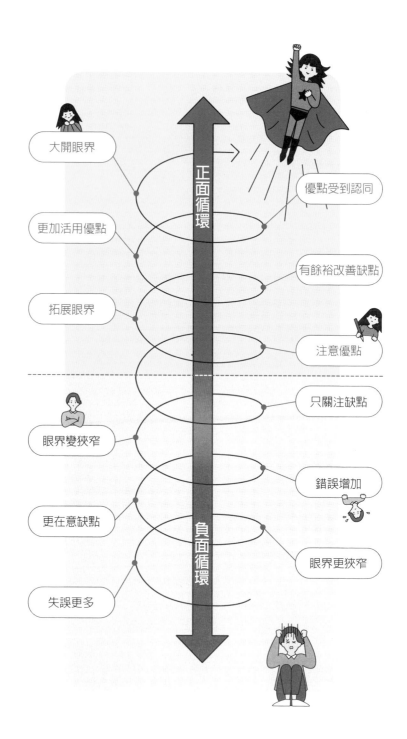

大開眼界

更加活用優點

拓展眼界

正面循環

優點受到認同

有餘裕改善缺點

注意優點

只關注缺點

眼界變狹窄

負面循環

錯誤增加

更在意缺點

眼界更狹窄

失誤更多

將可以成為終生武器的技術，變成下意識就能自由運用的程度

在這裡要說明「善用才能的技巧」。

活用優點的技巧有兩個；改善缺點的技巧有三個。

就像先前說的，「活用才能的技巧」不是「技能、知識」，是你可以一輩子都受用。「才能」越使用會越順手，漸漸的下意識地會成一種習慣。未來一定會成為你開拓人生的利器。

善用優點的兩個技巧

先要來談「善用優點的技巧」。

「善用優點的技巧」有兩個。

①工匠法：將工作變成天職的魔法技巧
②環境移動法：能重現發揮優點環境的技巧

也就是說，為了將才能發揮成優點，你有兩種方式

可選擇——「①在目前的環境下，將工作變成天職」或是「②改變環境」。

改變環境的標準是「是否可以做完」

你會在意的應該是「什麼時候要改變環境，底線在哪兒？」

例如我經常聽到「雖然有做出成績，但是還有其他選項，很煩惱這樣是否該換個環境」的說法。很多人對於如何判斷「改變環境的時機」很迷惘，結果就可能發生「太快換環境，工作一個換過一個」「太慢換環境，搞得身心崩潰」。

基於此要告訴大家簡單的判斷標準。

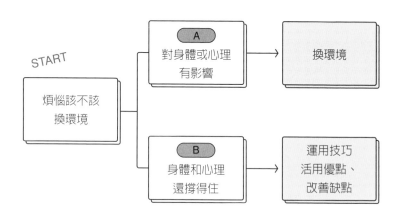

現在就遠離超級不適環境

如果繼續待在現在的環境下，會出現「自己很糟」的自我否定感，或是有「身體或心理即將崩潰的徵兆」，請馬上換環境，沒時間猶豫。「下一份工作要做什麼」之後再思考也沒關係。

因為如果不遠離會讓才能演變成缺點的地方，你無法冷靜判斷。

心情平穩之後，請參考 158 頁介紹的「〔活用優點的技巧②〕環境移動法」，並試著做做看。

B **透過徹底的掙扎將「活用才能的環境」語言化**

當身體和心理還算沒問題的狀況，請徹底掙扎一下，試試看現在待的地方是不是有可以善用才能的方法。

為什麼說這樣做比較好，是因為要加深你對自我才能的了解。即使進行得並不順利，也是一段值回票價的時光。

很多人完全沒掙扎，只因為「總覺得很討厭」的理由就換環境。而基於這種理由換環境是一種賭博，下一個環境也不見得會適合自己。

反覆賭博成了習慣，恐怕會處於永遠都在找大獎（天職）的狀況。

另一方面，掙扎過後抱著「因為很討厭這個」的意

志去換環境，那在原本環境的那段時光，會成為活用才能的重要參考資料。

這樣不光是「不適合自己才能的環境」，慢慢也會了解什麼才是「適合自己發揮才能的環境」。

隨著經驗的累積，會越來越懂得選擇環境，人生也會逐漸走上坡。

因此本書是以「①工匠法→②環境移動法」的順序，來說明活用優點的技巧。

POINT

將「總覺得很討厭」化學語言「因為很討厭這個」。

〔活用優點的技巧①〕

工匠法 —— 將工作變成天職的魔法技巧

那麼首先來說說「工匠法」。

「工匠法」就是將目前的工作，透過「活用才能」轉變成自己天職的技巧。

世界最簡單的才能發現法

我不太喜歡「找到天職」這種說法。因為這會給人一種印象，就是世上某個地方有一個唯一與自己匹配的「天職」，能找到它就會變得幸福。

　　「天職」不是「被給予」，而是「創造出來」。在容易發揮優點的環境下，花點心思在活用才能的方法上，就可以感受到「這是天職」。

　　熟悉「工匠法」，把工作變成天職吧！

不要模仿他人的成功模式

　　我覺得 90% 以上的人，即便處於現在的環境，只要花點心思，仍有活用「才能」的餘地。

　　來聊聊一位 20 多歲上班族 H 先生的例子吧！H 先生的目標是「成為可以活躍於世界舞台的人」。「雖然現在人在日本，有沒有什麼事可以做？」他這樣思考著，在上班的同時發展副業，開始上傳以海外觀眾為取向的影片。

　　一開始他是模仿「海外相關影片成功的日本人」，將時尚、日本美食介紹、溜滑板等影片剪輯上傳，但是訂閱人數只有 20 人左右，既無趣，也缺乏個人風格。

　　那時候他剛好讀了我的上一本著作《發現你的天職》，並實踐書中發現才能的方法。而他找到的才能是「闡述理想的未來」與「深入思考人生」。他將之活

用，上傳了「我在一年內想要完成的事」「樹大招風的日本文化反思」等影片。

　　H 先生說「超好玩的！我只是將平常在想的事直接上傳而已，絲毫沒有勉強的感覺」。半年後頻道訂閱人數已達 5000 人，現今仍持續增加中。

　　H 先生這樣跟我說：

　　「我深刻感受到模仿別人的成功真的沒意義，每個人的才能完全不同。我之前參考的人，擅長的是製作耍帥有氣氛的影片。那是他運用個人才能的方式，而我也有我自己的方法。」

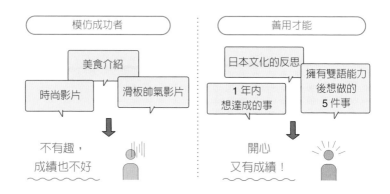

　　H 先生說的也是我想傳達給大家的。

　　同一件事情作法會因人而異。就算找到才能，如果沒有花心思在使用方法上，也不會做出成績。即便有了一點成績，也會因為感到辛苦而無法持續。

　　將「不知不覺就會做的事」直接表現出來，在還看

不到成果的時期，也能有毅力地持續下去。將你現在正在做的事情，在使用才能的方法上花點心思，一定也能成功。

「有沒有方法能更好的運用自己的才能？」

如果能把這個念頭當成一個習慣，你的才能就能以優點的方式不斷被活用。其他還有下述在環境中善用才能的實例。

為了在目前的環境下充分運用才能，請與問題合併一起活用。

「工匠法」實踐實例
- 個性害羞，無法建立新的人際關係
  ➡ 活用「對新事物抱有好奇心願意學習」的才能，去那些你想認識的人會去的學習場所，去認識他們
- 過分重視理論，而忽略了人的情感
  ➡ 活用「制定並遵守有效規定」的才能，在跟別人陳述自己意見時，委婉的說「我是這樣想的，○○認為如何？」
- 雖然一定得念書，但是對於無法激起好奇心的事物就提不起勁
  ➡ 活用「和志同道合的人一起努力」的才能，和朋友

一起到咖啡廳，一邊分享問題一邊讀書

先回答下面三個問題。

・此一活動能與你自然而然就做到的事情結合嗎？

・過去其他事情的成功模式是否可以拿來應用？

・有沒有什麼作為可以提升自己的動力？

〔活用優點的技巧②〕

環境移動法——
重現讓優點發揮的環境的技巧

到目前為止，本書提過很多靠著「改變環境」讓才能得以發揮的事例。

讀到這邊的讀者會在意的應該是——

「如何選擇適合自己的環境？」

下面會繼續說明。

找尋過往順遂時的共通點

為了尋找「容易活用優點的環境」，也需要用到才能地圖。使用方式很簡單——

・從才能地圖中，選出一個「才能以優點發揮活用的經驗」，找尋共通的「環境條件」

只有這樣而已。

如果才能以優點發揮的經驗有兩個以上也很 OK。如果以優點發揮的經驗太少，可以追加使用本書附錄〈特輯③——從優點中發現才能的 25 個問題〉。

如果有兩個以上的經驗，可以回答出以下的問題，就能馬上找到讓你的才能發揮優點的環境條件。

・你所做的事（工作、作業、興趣）的特徵是？
　➡例：一個人默默的努力
・身邊有誰？
　➡例：有值得尊敬的老師可以教導

先針對一個才能進行上述作業，剩下的才能如法炮

製，就可以找到能活用環境的條件。

「才能四種型態分類表」提高環境適配率

不可諱言，「在沒有任何線索下，要找到能讓自己發揮的環境」很困難也是事實。為了這些沒有線索的人，依照才能的種類，將才能分為四種類型，彙整於162頁。

· 容易發揮優點的職種、角色
· 容易顯現缺點的職種、角色

善用這些分類，找到活用才能的環境的機率也會大大提升。不要過分局限於某個類型，而要運用它找出大方向。表格下半部的「適合培養的技能」將會在〈CHAPTER 5〉作介紹。

再次提醒，請先使用「工匠法」，然後再實行「環境移動法」。請按照此順序進行！

> ### POINT
>
> 想要活用優點，請依「工匠法」→「環境移動法」實踐

改善缺點的三個技巧

了解活用優點的方法之後，接下來就是改善缺點了。

在你身邊，或許有人看起來很完美，毫無缺點。

那樣的人一定有「掩蓋缺點」——

不是「沒有缺點」，而是「讓缺點看不見」。

再次提醒不要搞錯順序，「改善缺點」要在「活用優點」之後進行。

之前就談到，在活用優點前即使先改善了缺點，就像是去修繕無法前進的遊艇船底破洞一樣。

「改善缺點的技巧」共有三個。

①**放手法**

　把不像自己的部分全部去掉，讓自己自由

②**機制法**

　像鬧鐘一樣自動屏蔽缺點

③**靠人法**

　變輕鬆之外還能對社會有貢獻，一舉兩得

四種才能類型分類表

類型①推進型

〔表現才能的動詞〕
想到新點子、開始新事物、陳述自己的意見、達成、
合理的思考、挑戰、描畫未來

容易活用優點的職種、角色	容易突顯缺點的職種、角色
管理職／經營者／研發主管／專案經理／行銷／看見整體／商業策略／創意發想／商品開發／銷售戰略構思／顧問	資料分析／客戶服務／重複性的作業／詳細分析／市場調查／文章校對／時間管理／諮詢／聆聽／服務業／職員／人事

〔適合培養的技能〕
資料整理、思考整理、商業模式、創意、簡報

類型②表現型

〔表現才能的動詞〕
在大眾面前說話、挑戰、率直表達意見、傳達
和新朋友很快打成一片、讓人們參與

容易活用優點的職種、角色	容易突顯缺點的職種、角色
製作人／公關／宣傳／銷售／領導力／訂定戰略／簡報／激勵／專案初期階段／團隊領導／業務員／演藝相關／服務業／計畫者	財務／系統設計／調解／分析／量測／專案管理／客戶服務／撰寫文章／技術職／研究者／稅務人員／醫生

〔適合培養的技能〕
簡報、計畫、演講、社交、行銷

類型③思考型

〔表現才能的動詞〕
思考、學習、看見風險、不出錯、分析

容易活用優點的職種、角色	容易突顯缺點的職種、角色
財務／顧問／研究職／證照相關職業／分析師／企畫職／系統設計／資料蒐集、分析、管理／訂定優先順位／製作文件／組織管理／時間管理／文章校對	交涉／客戶服務／行銷／銷售／人才管理／腦力激盪／系統設計／團隊建立／文案／激勵／商品開發／簡報／業務員／服務／公關／創作

〔適合培養的技能〕
批判性思考、試算表、作文、金融、會計、資訊蒐集‧研究、專案管理

類型④人際關係型

〔表現才能的動詞〕
團隊運作、體貼人的感受、幫助有困難的人、聚集人們、聆聽

容易活用優點的職種、角色	容易突顯缺點的職種、角色
業務員／交涉／廣告代理／記者／建立人際關係／團隊建立／合作／合夥／網路工作（與人交流）／適性審查／實行專案／市場調查／顧問／看護／服務業／人事	財務／操作性事務／商品開發／資料處理、報告／服從命令／革新／系統設計／危機管理／激勵／規定管理／戰略性領導／演講／行銷／系統分析／綜觀全局／引起變化

〔適合培養的技能〕
溝通（說話方式、聆聽方式）、業務、交涉、人力資源、建立團隊

「努力封鎖缺點」一定會無功而返

在說明「改善缺點的技巧」之前,絕不能做的就是「以錯誤的方式面對缺點」。

那就是「努力封鎖缺點」。

例如很擅長察覺他人情緒的人,大多會困擾於「跟著別人的情緒團團轉」。這個時候身邊的人就會建議「不要太在意」「做人遲鈍一點比較好」。

你是不是也曾被建議或是給別人這類建議呢?

這種建議毫無意義,只會讓正在煩惱的人感覺更苦惱。即使真的接受建議「不要太在意」,結果還是辦不到。因為對那個人來說,察覺他人情緒是「不知不覺就會去做」的才能。

因為才能是在無意識間就會出現,不是靠意識就可以封鎖。就像要鳥兒努力不要飛上天一樣。對於擅長察覺他人情緒的人,根本不可能「什麼都不要去感覺」。

「即使很努力不去在意也辦不到,自己真的很糟」,更陷入自我否定中。

持續堅定意志否定自己的感覺,連「顧慮到別人心

情」的出色優點也一併封印了，最壞的狀況可能會把身體都搞壞。

封鎖缺點連優點也會消除

缺點
會被人的
情緒左右

〔才能〕
覺察人的情緒

優點
顧慮到別人
的感受

其他還有想要否定缺點卻不順利的狀況。

想要封鎖缺點的模式

· 慎重其事、遲遲沒動作的人

➡有意識的「反正就是去做！」

· 太認真而容易想太多的人

➡有意識的「隨便一點」

· 容易鑽牛角尖的人

➡有意識的「不要思考得那麼深入」

· 在意他人眼光的人

➡有意識的「不要在意別人的想法！」

· 沒有考慮周全就行動的人

➡有意識的「仔細思考再行動」

· 責任感太重而勉強自己的人

➡被告知「不要勉強」努力不要勉強自己

這些如果進行得不順利，恐怕會連自己的優點都給抹殺掉，所以千萬不要這樣做。

那麼該如何面對缺點？

所以，我想說的是，現在要開始介紹的「掩蓋缺點的三個技巧」。

如果能用這三個技巧處理缺點，未來你的人生就不會再被自己的缺點所困擾。

現在就把可以受用一生的缺點隱藏技巧學起來吧！

〔掩蓋缺點技巧①〕

放手法——
去掉不像自己的部分，讓自己自由

不要有效率的做無意義的事

要掩蓋缺點，首先要去思考的就是「能不能放棄會讓自己顯現缺點的行為？」

事實上很多事情與「自我肯定」和「工作成果」毫無關係，但我們卻會去做。而且，很多時候都是受到一種「我一定要做」的執念所驅動。

如果不能放棄那個行為，不論如何想掩蓋缺點都是

「有效率的在做無意義的事」。

你也想避免這種狀況吧？那就放棄這種執念，也放過缺點吧！

真的有必要這樣做嗎？

參加四人以上的聚會就會變成「空氣」的我

我來說一下我曾經很苦惱的事。

我很難融入四人以上的聚會，不管去哪種餐廳，我都會完全說不出話來，頂多在一旁點頭附和，感覺像空氣一樣讓我很自卑。或許有人也跟我一樣。

我雖然怕生，但一對一的狀況下還是可以跟人交談無礙，也能聊得愉快。可是四人以上就完全不行。

因此現在我採取了對策。作法也極為簡單，就是「不去參加四人以上的聚會」。不擅長就不擅長吧，我徹底放棄。

我經常參加研討會或講座，但是會後的交流會我都不參加，因為我知道自己無法樂在其中。

在放棄斷念之前，「自己必須在人多的場合炒熱氣氛」的執念很強，「不去真的沒關係嗎？」心裡一直覺得怪怪的。

結果，放棄後卻完全沒有造成任何困擾。*毋寧說是*

我更重視跟每一個家人或朋友相處的時光。

　　因此我有時間跟值得信賴的人建立更深的關係，很不可思議的是工作也開始變得順利。

　　對於我來說，「一定要到人多的聚會上建立人脈」這種想法完全錯了。放過自己的缺點，釋放了壓力，生活和工作也開始變得順遂。

懂得放手，就會更像自己

　　有一段話我在聽過後，就烙印在心中，無法抹滅。

　　「喂～木雕大象要怎麼做？」
　　「這個很簡單啊！把不像大象的地方全部去除掉就好了。」

　　而我再加上後面一段——

　　「要怎麼活得像自己？」
　　「一樣喔！把不像自己的部分全部去除掉就好了。」

去除不像自己的地方，
留下像自己的部分

本書前面說明了「從內在發現才能的方法」。

將不像自己的部分全部放棄之後，「剩下來的」大概就是「不知不覺會去做」的才能。

放棄那些從以前到現在做得理所當然的事情需要勇氣，但是當你想要「放手」的那一刻，就會發現這本來就是人生中該做的事。

「不知不覺會去做的事」是刻印在體內的行為，所以即使你想要放棄，也絕對無法辦到。利用放手讓你擁有更多時間可以去「活用優點」，更加可以活出嶄新的人生。

「放棄」實踐實例

‧放棄「目標設定」

　➡不會被目標綁住，想做什麼就馬上去做

‧放棄「家事要做得面面俱到」

　➡家事是想做的時候、能做的時候才去做，不去要求面面俱到，可以把時間花在工作、興趣、對未來有用的學習上

‧放棄「智慧手機依存症」

　➡一天中挪出一段完全不看手機，被資訊和訊息追著跑的感覺頓時消失無蹤

・那是讓你的工作成功所不可或缺的嗎？

・有停止此行為的方法嗎？

・此行為不做之後會有困擾嗎？

・在決定不做之前需要跟誰討論嗎？

・如果無法不做，那可以減少做的時間嗎？

〔掩蓋缺點的技巧②〕

機制法 —— 像鬧鐘一樣自動屏蔽缺點

　　第二個要介紹的是使用可以掩蓋缺點的機制。你的缺點有很高的機率存在可以隱藏的機制。「使用機制」聽起來好像很難，不過我想問問大家：

　　「你用過鬧鐘嗎？」

　　幾乎所有的人都有吧！這就是可以隱藏你「早上起不來」缺點的一種機制。一點也不難。

利用機制解決的效果十分優異

　　我有個缺點，就是經常會粗心大意，工作上漏東漏西。

確認事項作成表格

好像會出錯的不安

很安心，更加能發揮「在眾人面前簡明說話」的優點

　　例如舉行研討會時，經常發生電腦沒聲音，一時手忙腳亂的狀況。

　　我就用了「機制法」，將研討會事前需確認的事項作成檢查表，加以確認。做了檢查表之後，知道沒有問題可以安心演講，將「在眾人面前簡明說話」的優點發揮得更好。

　　只想做自己喜歡的事的我，在創業之後一直對於管理收據、報稅這類事情很頭痛，雖然總是把事情放在心上，但是因為不想做，每每都刻意視而不見。

　　後來我把這種會消耗自己能量的事情都交給會計師。文件管理、報稅都由會計師代勞，所以可以幾乎不花時間，把心力都集中在工作上。這也是「機制法」的一種。

　　不過機制法有時候會需要花錢。

　　但是將會消耗能量的事情花錢外包，自己就不用做，發揮優點的時間更多，效益比花出去的錢更有價

值。

　　世上有很多非常棒的機制存在。

　　這些機制讓缺點沒有現形的機會，請務必去體驗看看，活用優點不斷前進的感覺。

「機制法」的實踐實例

· 沒時間打掃整理

　➡找居家清潔服務

· 看手機到三更半夜

　➡晚上關掉自家的 Wi-Fi

· 偏食不吃營養的食物

　➡善用每個禮拜寄送的宅配餐點

實踐「機制法」的自問自答

· 具有同樣缺點的人如何處理？

· 對於你不想要花時間做的事情，是不是有花錢就能處理的方法？

· 是否有用「不想做○○」（例：我不想做投影片）關鍵字檢索，找找看有沒有可以解決的辦法？

〔掩蓋缺點的技巧③〕

靠人法──

既可輕鬆又能貢獻社會，一舉兩得

「我很不會找人幫忙。」

其實有這種想法的人出乎意料之多。

很多人都有這種弱點，但是能不能使用「靠人法」，會有很大的差異。

不找別人幫忙，所有事情全都自己來，就像皮卡丘拚命用電屬性招式去攻擊不會起作用的岩石屬性寶可夢。

如果非得要跟岩石屬性的寶可夢對戰，那派水屬性的傑尼龜不是比較好嗎？

在此要傳授靠人法的簡單秘訣，你一定也學得會。

學會找人幫忙的三個重點

20 幾歲的 M 先生，一個人把交辦的工作全攬下來，認為加班到深夜是常態。尤其是對於研討會上要用的投影片製作很不擅長，花了非常多時間。

即使同事跟他說：「如果不會做就早點求援！我很

CHAPTER 4 充分展現自我的「活用才能技巧」

173

樂意幫忙！」也一直開不了口請人幫忙。

但是，某個情境下，M 先生突然就克服弱點開口向別人求助了。

到底 M 先生發生了什麼事？

他經歷了三件事。

第一是「認識到自己存在的價值」。第二是「發現自己討厭的事有人想做」。第三是「人們樂於被依賴」。

請人幫忙的重點①
無法請求別人幫助的人「不相信自己存在的價值」

如果能活用自己的優點，缺點的部分就比較容易開口請人幫忙。無法求助的最大理由，我認為就是「如果放手自己就沒有存在價值了」。

也就是說，無法請求別人幫助的人，是「不相信自己存在價值的人」。

相反的，會開口求助的人，是「不會動搖並相信自己存在價值的人」。

M 先生變得可以開口求援，最大契機就是他被委任「培育部屬」的工作。

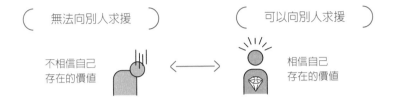

無法向別人求援　　　　　可以向別人求援

不相信自己　　　　　　　　　　相信自己
存在的價值　　　　　　　　　　存在的價值

M 先生說「我很清楚要怎麼溝通才能讓那個人的能
力提升」。

這確實是將 M 先生的才能發揮成優點的工作。

獲得發揮所長工作的 M 先生覺得「自己對團隊有貢
獻，所以稍微依靠別人一下也沒關係」，所以就變得可
以開口求助了。

M 先生跟我說了無法向別人求援的心理狀態──

「做投影片之類的是上班族的基本技能，赤裸裸的
公開自己不會做，很擔心會被認定為工作能力很差。」

以前我曾經跟不擅長做家事的主婦朋友說「要不要
找居家清潔的業者？」對方的反應是「怎麼可以找業者
來！這是我的工作耶！」

進一步詢問，她說「因為我沒有其他的貢獻，如果
連家事都不做，那自己就沒有存在價值了。」

如果你對缺點無法放手，極可能是還沒找到發揮
「優點」的地方。

人在「自己的優點得以發揮時」，才能夠在面對缺點時找別人幫忙。

所以想要變得「能夠向人求援」，優先要做的是「讓優點得以發揮」。

POINT

優點得以發揮，缺點的部分就能向外求助。

請人幫忙的重點②
發現「自己討厭的事情其他人想做」

變得能找人幫忙的第二個重點，就是發現「自己討厭的事情其他人想做」。

領悟到這一點的瞬間就有了重大突破，再也不會不好意思找人幫忙。

很多人都會以為「自己討厭的工作也沒人會喜歡」。

為什麼會如此，閱讀本書至此的你應該心裡有譜吧？

沒錯。

「對自己而言太過理所當然的事」，所以「覺得其

他人應該也一樣」。

但這是天大的誤解。

每個人的才能不同，所以<mark>喜歡做和討厭做的事情也都不一樣。</mark>

前面提到的 M 先生也說「自己討厭做投影片，其他人應該也不愛做。」小心翼翼的拜託別人，沒想到對方卻滿臉期待的回答「我想要做！」連他自己都「啊？真的嗎？」一度懷疑自己的耳朵。

你也有過這樣的經驗吧？

自己很討厭的事情，其他人也不會喜歡吧

不敢找別人幫忙的人　　願意找人幫忙的人

每個人的才能都不一樣。自己討厭的事情，一定有人做得很開心。

應該很多人都被教導「己所不欲，勿施於人」。

實際上也只有一部分如此，並不全然都對。

因為自己討厭的事情和別人討厭的事並不一樣。

找到自己的才能，就會了解與其他人的差異，也會頓悟「自己討厭的事情有人想做」。

察覺到這一點的瞬間，請別人幫忙的抗拒感就會突然降低許多。

「己所不欲，勿施於人」是錯的！

請別人幫忙的重點③
從「很抱歉要請你幫忙」改成「謝謝你幫忙」

「人們樂於被依賴。」

這一點也是無法開口請人協助的人會忽略的真理。

無法向別人求助的人，都是以「自己的角度」來看事情。找人幫忙，不就是把自己不會的事情丟給別人做嗎……所以會說「很抱歉要請你幫忙」。

相反的，很懂得尋求協助的人，會以「別人的角度」看事情。如果我拜託他，應該會願意幫忙，也是使用那個人的才能的機會。所以請求協助時會說「這件事想要請你幫忙……可以嗎？你會做，好厲害！謝謝！」

不懂得尋求協助的人，視角是「看自己」，而懂得求援的人，視角是「看對方」。

無法找別人幫忙的人	能夠找別人幫忙的人
自我觀點	他人觀點
請人幫忙讓自己輕鬆，是不好的事	別人很樂意幫忙是好事
會說「很抱歉請你幫忙」	會說「很謝謝你的幫忙」

所以，今後請別人幫忙時，一定要告知對方「那是你理所當然的才能」並加以感謝。不要說「很抱歉要找你幫忙」，而要說「這個你都會真的好厲害！謝謝喔！」這麼一來，被請託的對方，可能也會察覺到「或許這就是我的才能」。

請務必參考以下攀談的範例並試試看。

▶ 道謝並讓對方發現才能的攀談範例

「你連這個都會做，好厲害！非常感謝！」

「我完全一竅不通，所以真的覺得你好強喔！」

「一直都找不到人幫這個忙，真是太謝謝你了！」

「每次都請你做○○，真是幫大忙了！」

「你在幫我做○○的時候，看起來好開心，我也樂得請你幫忙！」

人會想要待在覺得自己有用處的地方。越是能請身邊的人幫忙，你就會發現想要貢獻的人越多。

像這樣去發現才能並且善用，不但能提高自我肯定、提升工作績效，還能構築互相信賴的人際關係。

POINT

察覺到「人被依賴會很開心」就能請人幫忙。

不要克服缺點，就是對社會有貢獻

要變得能找別人幫忙來協助自己的弱點，你所應該有的觀念整理如下：

1. **善用優點就會相信自己的存在價值，至於缺點就會請別人幫忙**
2. **自己討厭的事情有人會想做**
3. **人被依賴會很開心**

這三個事實讓我覺得「自己有缺點需要找人幫助，也是一種社會貢獻」。

請抱持著「就讓別人來補自己的洞」的心情去找人幫忙。

你的缺點，正是某人可以發揮優點的地方。

「靠人法」的實踐實例

· 不擅長工作管理

　➡ 請擅長專案管理的人幫忙

· 很害怕在眾人面前說話

　➡ 請想要在大家面前說話的人幫忙

實踐「靠人法」的自問自答

· 你身邊最喜歡做這件事的人是誰？

· 如果你的工作找人幫忙，那你自己能做的部分是什麼？

· 和誰一起做這件事會更開心？

捨棄 99% 的無所謂，集中於 1%

我很喜歡聖・修伯里的一段話。

「完美，並非沒有不足的部分，而是沒有需要減少的狀態。」

我自己對這段話的解讀是「99% 不會做的事情就放

181

手交給別人去做，將精力集中於 1% 能發揮自己才能的事情上。」

你是不是把人生集中在去做能夠善用自己才能的事情上？有沒有把時間花在別人做起來會比較開心也做得好的事情上？

放手、讓別人幫忙，最後剩下的東西才是你值得培養的才能。

為了重視真正重要的才能，就放棄其他事情吧！

所以「放棄做不到的事情」「做不到的事情找人幫忙」並不是逃避。反而是**因為更重視自己，所以才能做出逃避的行為。**

請盡早隱藏自己的缺點，讓自己的優點發光發熱。

活用才能的 5 個技巧

活用優點的技巧 ·······························
①工匠法⋯將工作變成天職的魔法技巧
②環境移動法⋯能重現發揮優點的環境的技巧

掩蓋缺點的技巧 ·······························
①放手法⋯把不像自己的部分全部去掉，讓自己自由的技巧
②機制法⋯像鬧鐘一樣自動屏蔽缺點的技巧
③靠人法⋯變輕鬆之外還能對社會有貢獻，一舉兩得的技巧

世界最簡單的才能發現法

／ 書末特輯中也有介紹〈活用才能的 100 個問題〉 ＼

「不要忍耐」，但「必須堅持」

前面說明了優點的活用方法、缺點的隱藏方法。

在「活用才能的技巧」的尾聲，要跟大家談讓才能被活用最重要的「心態」。所謂的心態就是：

「不要忍耐」，但「必須堅持」。

為什麼說心態很重要？

首先，所謂的「忍耐」，是壓抑隱忍持續做著不想做的事情。諸如「在突顯缺點的環境」努力、「想要改變自己的才能」之類的。

這和「善用才能的生存方式」完全相反。

如果你現在有「正在忍耐」的感覺，表示你走的道路有誤，需要換個方向。

另一方面，堅持是必須的。

前面所介紹的活用才能的技巧，不論哪一個都很少能一試就成。

尤其在還無法讓「才能發揮成優點」的狀況下，你

會有強烈的孤獨感。

在失眠的夜裡，可能會感嘆「難道這世上沒有我的容身之處？」我也曾經好幾次強烈不安而夜不成眠。

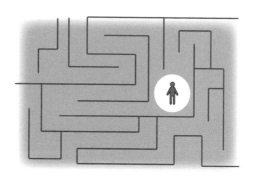

但，這是每個人都必經的「堅持」時期。

以我來說，在確定自己的才能是「建立體系並傳授」之後，做了很多錯誤嘗試。

・寫部落格傳播想法
・指導
・開社群
・開研討會
・製作學習影片
・寫書
・拍攝影片投稿

有些做得很順，也有些成效不彰。

尤其在還沒養成「活用才能技巧」的時期，真是屢戰屢敗。

想要了解如何操作自己這艘遊艇，需要經過訓練。

就像海上會有風浪，社會上也充滿激烈變化。

很多人只要稍微做點事沒有結果，就會不「堅持」而放棄。

但是，如果能照本書「善用才能的行動」來做，慢慢地一定會看到成果。當然也會有不順的地方，但這也是「知道哪種作法不能活用才能」，算是正面的經驗。

不斷累積經驗後，你就會熟悉才能的運用方式。

然後某個時間點，你學會駕駛遊艇，可以順著風一鼓作氣開始加速。

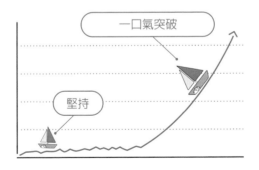

你一定能學會活用才能。

本書介紹的許多學會活用才能的人，還有更多沒介紹到的案例都可以證明。

世界上有個地方不是屬於別人，而是專屬於你可以發光發熱的地方。

有人需要你的才能。

你的才能正渴望你去活用。

你一定能獲得可以盡情發揮才能的人生。

POINT

在堅持的另一端就是突破。

5

得到無法模仿的強項
「培養才能技巧」

自我的可能性，你只用了 10% 而已

「我發現自己的才能，也了解活用才能的方法。太滿意了……」正在這麼想的你 !!!

請等一下！

你所擁有的「才能的可能性」絕不僅只於此，有意思的部分現在才開始。才能經過適當的培育成為「強項」時，你的才能可以產出 10 倍以上的成果，才算是即將「完成」。

工作是「理所當然」與「心懷感謝」的交換

各位最近付過什麼錢嗎？

以我來說，最近付了搬家費。我自己搬不了重物，所以對於能幫忙搬重物的業者「心懷感謝」。

　　我認為「金錢」，是換了形式的「感謝」。

　　日文「感謝」的語源是「有難」。「有難」在古語中是「有困難、很罕見」的意思。也就是對人來說是「困難、罕見的事情」，可以視「感謝」之意來收取金錢。

　　你知道「有難」的「相反詞」嗎？

　　「有難」的相反詞是「理所當然」。

　　也就是說，自己「理所當然」做得到的事，對於他人是「有難」的事，且能從兩者之間的差距中找到收入來源。

「理所當然」會做的事

「心懷感謝」＋金錢

　　例如對我而言「整理資料」是「理所當然」會做的事，而認為「整理資料有困難」的你買了這本書，就變成我的收入。

所以，如果大家想要增加收入，就去發現「理所當然、不知不覺就會去做」的才能，並對人做出貢獻即可。

　　如果能夠理解，你就會懂得「我這麼努力，收入卻沒增加」的人，根本概念就是錯誤的。
　　因為你要拚死拚活才做得到的事情，對別人而言是「有難」的可能性非常低。
　　並不是「我這麼努力，收入卻沒增加」，而是「因為努力所以收入才沒增加」。

···

　　　　　　　　　　POINT

　　並不是「我這麼努力，收入卻沒增加」，
　　而是「因為努力所以收入才沒增加」。

···

「金錢」與「才能」的法則

　　大學時代的我覺得賺錢超級無敵困難。
　　在便利商店打工這麼辛苦，時薪才 1000 日圓⋯⋯
　　電話推銷這麼痛苦，時薪才 1200 日圓⋯⋯
　　但是我開始寫部落格，月收入突破 100 萬日圓時，卻覺得賺錢好簡單。

從我的經驗就可以理解「金錢」與「才能」的法則。

· 「金錢」與「才能」的法則
越是能活用「不知不覺就會去做」的才能，
就能「感謝」與金錢兩者兼得。

便利商店打工對自己而言很辛苦，在那裡無法發揮自己的才能，也沒辦法做出貢獻，時薪是 1000 日圓。

因為寫部落格對我來說樂在其中，能活用「理所當然」會做的才能，也對很多人有貢獻，報酬連同「感謝」一起收穫。

你越是能活用你的才能，收入就會越高。

收入增加的不是只有個人，公司也互蒙其利。

根據研究，「重視優勢並加以教育的公司」獲利可提升 14 ～ 29%。那是因為每個員工的才能都得以發揮，公司收到來自客戶的「感謝」也變多了。

甘地曾說過「想要發現自己，最好的方式就是專心服務他人」。

這段話我自己是這樣解釋的 ——

「使用自己的才能，可以為他人做出貢獻並獲得喜悅。相反的，沒有才能很難獲得別人的感謝。所以將精力集中在別人會感謝的事，才能發現自己的才能。」

也就是說，你做得越多並且被感謝了，還拿到了更多的報酬時，就會慢慢察覺到自己的才能。

而才能經過不斷培育，就能打造獨一無二的你，而收入也會漸漸增加。

「才能」培養成「優勢」的四個技巧

那麼接下來要針對你的才能進行「技能、知識」的投資，進入到磨練成任何人都無法模仿的強項階段。

就像在〈CHAPTER 2〉中曾提過「皮卡丘不要去練習飛葉快刀」，選擇「與自己才能匹配的技能和知識」非常重要。

〔才能〕 × 技能知識 = 強項

有 4 個
學習技巧

　　我為了讓自己「建立體系並傳授」的才能成為優勢，學習了以下的技能。

- **理解自己**
- **寫書的方法**
- **部落格文章術**
- **知識整理術**
- **錄製影片說話的方式**
- **將知識做成線上講座的方法**
- **整理思考適用的心態術**

　　這邊所學的是將「才能」與「具體的產出」相連結的技能。

　　我因為學了這些技能，所以才能將彙整後原創的 know-how 做成影片、文章、講座的形式。

　　能做到這一步，就會收到很多人「希望你來工作的

請託」，成為無可替代的存在，並獲得「感謝」。隨著感謝而來的是莫大的收入。也達成了為社會貢獻最大心力的生存方式。

這時候你會打從心底感到喜悅「自己就是為此而生」，確信了自己的生存方式。

雖說如此，並不是要你盲目學習技能和知識。那只會變得樣樣通、樣樣鬆。

那麼該如何選擇能將「才能」培養成「優勢」的技能和知識呢？

大致可分為四個技巧。

〔把才能培養成優勢的技巧①〕
找到「榜樣」

逢人就問「我該學什麼比較好？」沒意義。因為那個人認為學某種東西比較好，是基於「培養他個人的才能」才會有幫助。

請找出和你有類似才能，且已成為強項、有具體成果的人，徹底的模仿吧！請務必去問問他學了什麼技能。

「嫉妒」是重要的感應器。

請找尋值得信賴的榜樣。

「那麼如何才能找到優勢的榜樣？」

接下來你在意的一定是這個問題吧 ?!

結論就是會讓你「覺得嫉妒的人」，也就是和你一樣有類似才能的人，請以他為榜樣。

會有此一說法，是因為你會覺得嫉妒，是由於「自己似乎也做得到，卻被他捷足先登」「自己好像也行，只是現在時候未到」的情結。

人們對於「自己永遠比不上」的對手，根本無法嫉妒。

例如我讀了資料彙整得很好的書籍，會很嫉妒「這本書寫得很好耶！好不甘心……」。

那是因為覺得自己也差一點能做到。

另一方面，「才能不同的人所做的事，看起來像魔法」。才能不同的人所做的事，如同字面所述，是呈現「完全看不懂奧妙與機關之處」的狀態。就像在你面前變魔術一樣。這時候不會想要嫉妒，而是想要拍手叫好吧！

不會讓你「嫉妒」的人＝
具有和自己不同的才能
→不能做為參考

會讓你「嫉妒」的人＝
具有和自己類似的才能
→可以做為參考

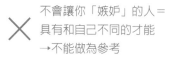
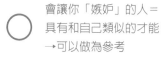

以我為例，「能彙整團隊中的意見，不知不覺就凝聚大家的共識，讓事情得以繼續進行的人」所做的事，看起來就像魔法一樣。他究竟是怎麼達成的，我完全不知道，而且我也不認為自己做得到。雖然曾經努力模仿，但是並沒有成功。

很多人乍見這種「魔法般的東西」，會感到「憧憬」並以此為目標。但是，這就像我之前提過的，去追求「自己沒有的東西」，是一種自我否定的努力。

所以，請不要往那個方向走。

如果找到擁有和自己一樣的才能，並且已培養成強項的人，請一定要去查出他學了什麼技能和知識，並且也試著去學習看看。

這麼一來，你的才能就會以驚人的速度成長，超乎想像的開花結果。

· 你嫉妒的人有什麼技能？
· 和自己類似的成功者擁有什麼樣的技能？

POINT

· 擁有不同才能的人所做的事，看起來像魔法→無法當參考
· 擁有相近才能的人，會覺得嫉妒→可以作為榜樣

〔把才能培養成優勢的技巧②〕
尋求他人的「建議」

前些日子，團隊成員 F 先生找我商量。

「今後我應該加強哪方面的技能比較好？」

我跟 F 先生共事多年，知道他有什麼才能，也知道他應該學習什麼技能，才可以讓才能變成強項，形成優勢。

所以我跟他說「F 先生很擅長提高士氣，可以學如何建立團隊」。

這時候絕對不能聽「指謫你缺點」的人的意見。指

謫缺點的人，會建議你添加改進缺點必要的技能。

請找「認同你優點的人」給建議，這樣你得到的才會是「更加發揮優點的建議」。

學習更多適合自己的技能，你的才能就會成為強項發光發熱。

選擇給建議的人的方法

✗ 指謫缺點的人　　○ 能看到你優點的人

這邊要克服比較好！

再加強這部分比較好！

尋求他人「建議」時的提問

・你如果是我會培養什麼技能？

・你希望我學會什麼？（獲得回答問題所需的技能）

POINT

✗不要詢問指謫你缺點的人你該學什麼
○要詢問能看見你優點的人你該學什麼

〔把才能培養成優勢的技巧③〕
從四類型「適合技能」中選擇

雖說如此，應該也有人「很難馬上找到嫉妒的人」「找不到人可以給我建議」。為了有這方面需求的人，在 162 頁「四種才能類型分類表」中，依照才能動詞種類，將「適合培養的技能」分為四大類。

依照這個分類來選擇學習的技能，至少不會有錯。請務必活用看看！

〔把才能培養成優勢的技巧④〕
找尋「喜歡的事」

以我來說，在「建立體系並傳授」的才能方面，多學習「理解自我」的知識。

因此就完成了我的強項——「不論是文章、影片，都能有系統地傳達理解自我的知識」。

說起來像是老王賣瓜，不過我相信這個強項放眼地球我最厲害。

賦予我才能的父母，給我活用才能環境的人、幫助我培養才能的人，我真的非常感謝。正因為如此，我體認到活用此一強項就是自己在這世上的使命，我決定這一生必用此能力對世界做出貢獻。

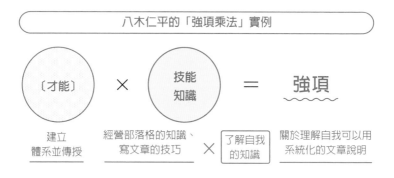

八木仁平的「強項乘法」實例

〔才能〕 × 技能知識 = 強項

建立體系並傳授　　經營部落格的知識、寫文章的技巧 × 了解自我的知識　關於理解自我可以用系統化的文章說明

閱讀本書的讀者諸君，希望你最後可以自豪地說「這個強項，我是世界第一」。

任何人都可能達成。

只要去學習喜歡的事物，沒有人追得上你

請去學習「喜歡的事」。喜歡的事，就是「讓你興致勃勃的事物」。

例如這些全都是「讓人興致勃勃的事物＝喜歡的事」。

・對車子有興趣

・對醫療有興趣

・對教育有興趣

・對機器人有興趣

・對設計有興趣

・對家庭關係有興趣

為什麼學習喜歡的事比較好呢？

因為「才能」乘以「喜歡的事」，就能爆發成為「強項」，是最佳的組合。

才能是「不知不覺就會去做的事」，也就是身體會自行動作。

而喜歡的事是「讓你興致勃勃的事物」，即使不努力也會不由自主心動。

這是與「因為賺得到錢所以才做」「因為會變有名所以才做」等外部欲求無關，而是來自內心的強烈渴望。

各位小時候應該都有過打電玩遊戲玩到忘了時間，而被爸媽罵的經驗吧！

「才能」和「喜歡的事」加乘的強項活用在工作上，就跟沉迷於電玩一樣。

對其他人來說是不得不努力，對你來說卻是像遊戲

般充滿樂趣，結果當然漸漸會拉出差距。

如果能活用「不知不覺就會去做」的才能，相較於其他人「努力」在飄飄河拚命逆流而上，你卻是借力使力順流而下，速度飛快地前進。

如果再乘上「讓你興致勃勃的喜歡的事物」，雖然是飄飄河，也會變成像是水上滑梯的狀態。

正因為如此，二者相輔相成產生「強項」的時候，其他人完全望塵莫及，具有壓倒性的優勢。

擅長的事決定「職種」，
喜歡的事決定「業界」

找到「擅長的事（才能）」與「喜歡的事」之後，很多人關心的「工作選擇」頃刻間讓人變得可以輕鬆面對。

如同前述，「才能」是以「動詞」表現。找到才能之後，很容易地把「不知不覺就會去做的行動」發揮成優點的「職種」於是決定了。

「喜歡的事物」是以「名詞」表現。找到喜歡的事物之後，就以興趣來決定「業界」。

選擇工作的兩大主軸──「職種」與「業界」可以縮小到一定範圍。

自覺才能，人生劇烈變化的女業務

　　例如某位具備「能在大眾面前侃侃而談」才能的 E 小姐，她原本從事「產品企業銷售」的工作，但是她沒能在工作上活用自己的才能。

擅長的事（才能）	喜歡的事
不知不覺就會去做的事	有興趣的事
決定職種	決定業界
以動詞表現	以名詞表現
例如：觀察人類、思考風險、關照他人的感受、與人交談……	例如：醫療、機器人、設計、環境、教育、車子、家庭關係……

　　E 小姐透過自我理解，意識到「才能」，發現自己喜歡「服裝」，於是開始投入服飾業，從事服裝直播銷售的工作。

　　她擁有的「才能」和「喜歡的事」在「工作」上互相結合，服飾直播銷售的業績一飛沖天，成為人氣賣家，更進一步，她還賣起自己企畫製作的衣服。

　　當「才能」乘以「喜歡的事」，加上互相連結的技巧、知識，就會展現出爆發性的成果。不是一點一滴改變，而是驟然丕變。

　　那絕對不是別人模仿得來的。

即使和 E 小姐一樣具有「能在大眾面前侃侃而談」的才能，如果不喜歡「服裝」，也不會有同樣的成績。

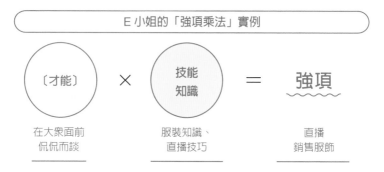

E 小姐的「強項乘法」實例

〔才能〕　×　技能知識　＝　強項

在大眾面前　　服裝知識、　　直播
侃侃而談　　　直播技巧　　　銷售服飾

　　而同樣是「服裝」愛好者，如果具有的才能是「針對每個人的個性建議穿搭」，就可以從事一對一服飾銷售。

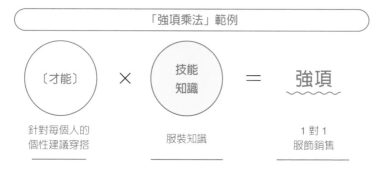

「強項乘法」範例

〔才能〕　×　技能知識　＝　強項

針對每個人的　　服裝知識　　　1 對 1
個性建議穿搭　　　　　　　　　服飾銷售

　　「不知不覺就會做的才能」與「興致勃勃喜歡的事」，如果一個勁兒的不斷持續，你就會成為無可取代的存在，到哪裡都很搶手。

　　你可以做出最大的「貢獻」，在收獲很多「感謝」的同時，收入也會增加。

到那個時候，你就會找到「社會中專屬於你的定位」。

探求「喜歡的事」的自問自答

· 有什麼主題會讓你興奮？
· 有什麼工作是你會想要道謝的？

```
················  POINT  ················

    如果身體動起來的「擅長的事（才能）」和心動的
「喜歡的事（興趣）」能夠結合，就會產生壓倒性的強項。
```

把「才能」培養成優勢的 4 個技巧
1 尋找「榜樣」 ➡ 用嫉妒雷達找榜樣
2 尋求他人的「建議」 ➡ 向能看到你優點的人，詢問該學什麼
3 從 4 種類型「適合的技能」中選擇 ➡ 絕對不會白費工夫的技能學習選擇法
4 找尋「喜歡的事」 ➡ 「才能」乘以「喜歡的事」，誰都追不上

╱ 書末特輯中也有介紹〈培養才能的 100 個問題〉╲

能找到自己的才能，
也能找到別人的才能

　　容我跟大家說一件令我後悔的事。事情是發生在我小學五年級的時候，我們班上有一位非常害羞內向，很怕生的女孩 C 君。那一天，C 君在國語課被點到要唸課文，但是她根本不敢大聲唸，聲若蚊蠅……

　　老師在全班同學面前大聲喝斥她：「唸大聲一點！」

　　但 C 君就是無法提高音量。

　　老師繼續責罵她：「有心就做得到，妳根本不夠努力！」

　　猶記得當時我坐在座位上看到這副光景，心底怒不可抑，忍不住握緊雙拳。

　　我真想對老師說「你不要糟蹋 C 君的才能！」如果是那麼不擅長大聲說話，根本不需要勉強努力到喪失自信。應該要輔導她發揮擁有的才能，才能更有自信，對社會有幫助。

　　但是當時我對老師卻什麼都說不出口。

　　眼見老師做出否定才能行為的我卻無能為力，至今

仍感到後悔不已。

　　C 君無法大聲說話，不是因為不夠努力。當然你現在做的事情做得不順利，也不是因為不夠努力。只是因為你在做一些無法活用才能的事。

　　不順利的時候你應該做的不是「更努力」，而是「改變作法」。

　　閱讀本書至此，已經找到才能的你，應該也能發現「別人的才能」。

　　如果你已注意到對方的才能，一定要直接告訴他。

　　衷心希望你讀完本書之後，能夠推廣「發現他人才能並告訴他」的活動。

　　被你告知有才能的人，也會去發現另一個人的才能。如此產生良性循環，所有人的才能都能被找到，真是太慶幸能寫這本書。

　　如果所有的人都能找到才能，世界將會是多麼的美好啊！

POINT

你已經可以發現別人的才能。

你的才能是在告訴你，
在這世上肩負的任務

「所有的才能都有不可或缺的職責」。

我是如此堅信的。

覺得我太過於理想化嗎？

不，這絕不會不夠現實。

這是基於理論所推導出來的事實。

我們都是倖存的人類後裔。

在遙遠的古代，十幾歲就喪命司空見慣。我們身上
都有以神奇的機率遺傳下來的「基因」。

也就是說，現在生活在地球上的所有人類，都擁有
在壯烈的生存戰中「存活的必要基因」。

我曾說過你的才能有 50% 由遺傳決定。

所以不管你有多悲觀也好、多敏感也好、喜新厭舊
也罷，那都是活下來必要的「才能」。

你必須做的是理解自己的才能，並學習如何使其對
人生有幫助。

絕對不要憧憬他人、否定自己。

「才能」是告訴你在地球上所肩負的任務。

發現才能、活用優點、培養強項，在某一刻你就會突然發現「我在世上的任務就是這個!!!」「自己的歸屬就是這裡!!!」

這種感覺非常清楚深刻。

腦中會突然咯噹一聲，同時瞬間被「啊！我就是為了做這個而生」或是「這樣就可以對人們做出貢獻了」的感受給填滿。

我稱此為「才能職責覺醒的瞬間」。

很不可思議，一旦你體會過那個瞬間，今後將不再因為人生方向而感到迷惘，並且會充滿自信。

也會清楚的知道自己該往哪條路走。

原本的人生已經回不去了。

當然這個時機點因人而異。有人看了本書之後頓悟，也有人花了 10 年的時間。

但是該做的事情大家都一樣。

請相信「不知不覺就會去做的事」這種刻在體內的感覺，並藉此去發現才能，將其發揮成優點，更進一步培養成強項。你要做的只有這樣而已。

請傾注大量的時間。

那是其他人都不行，只有你才能做的事。

為此所需要的技巧，本書都已經詳盡說明。

為了讓自己有自信地活著，我保證發現才能一定能有所幫助。

祈願本書能成為指南，讓你度過「才能」得以充分發揮的每一天。

POINT

順著「不知不覺就會去做的事」的感覺走，
一切都會順利。

集中精力在最擅長的事，其餘都放手

「成為強項之後」必須做的試煉？

「我已經不行了⋯⋯」

一年前的我，面對排山倒海的工作量已經累到極點。

第一次寫書就賣了 30 萬本成為暢銷書，客戶也突然暴增，每天該做的事情堆積如山。

「必須來管帳。」

「必須來寫下一本書。」

「必須來拍影片。」

「必須回覆客戶。」

「必須聘用新的成員。」

經常我的腦袋裡都充斥著一大堆的「必須」。

公司的營收雖然慢慢有所增長，我卻沒有活用才能的感受，也缺乏充實感。就只有不斷折騰，稍稍往各個方向都前進一點的感覺⋯⋯

這是我想做的工作，卻快要被壓垮，自己最應該發

揮的「才能」呈現無法充分利用的狀態。

我感覺光靠一己之力已經達到極限，於是向有「世界最知名的日本人」之稱的「近藤麻理惠」的經紀人川原卓巳先生尋求諮詢。

卓巳先生這樣問我。

卓巳：「現在工作中最開心的部分，也就是八木君最能發揮才能的是什麼？」

八木：「還是研究理解自我這一塊。看看書、寫寫文章……」

卓巳：「那除此之外的就都放掉吧！」

八木：「咦，這樣做好嗎？公司會沒辦法運作吧？」

卓巳：「沒問題的！我也是要求麻里惠集中精力在最擅長的事情上，其他的全部放手。沒錯，放手之後一口氣就做出成績了。」

這番對話之後，我放掉很多攬在身上的工作，一一交給身邊的伙伴去執行。

放手的結果，現在人生有 80% 的時間都可以花在我最想做的「理解自我的研究」上。

因此我才有辦法寫出這本書。

而公司的業績也逐漸增長。

回顧以往，我為了更接近世俗所期望的「經營

者」，連不擅長的事情全都攬下來做。

結果卻讓自己沒有時間去做，我最具優勢的強項──「理解自我的研究」。

這不僅只發生在我身上。

只要實踐本書的方法，你也可以用「自己的強項」生存。

而善用強項做出成績，就會有更多生意找上門。

到那時候來的就不只是「可以活用才能的工作」。

如果沒有篩選工作什麼都接，不知不覺你培養優勢的時間就會減少，進而消失，「你的強項」就會失去光彩。

但是沒關係，你一旦擁有「自己的才能」，一輩子都不會失去。

如果你和我一樣覺得已經達到極限時，請再回來看看本書，然後問問自己下面的問題──

「最能讓你發揮才能的事情是什麼？」

【參考文獻】

《蓋洛普優勢識別器 2.0：《現在，發現你的優勢》升級版》
　（*Strengths Finder 2.0*）湯姆‧拉斯著／簡版

《來談談那些痛苦的事吧！商務人士的父親為孩子所寫下的「工
　作本質」！》森岡毅著／悅知文化出版

《優勢領導力》（*Strength Based Leadership*）湯姆‧拉斯與巴
　里‧康奇合著／美版

《發揮你的優勢：實現卓越績效的 6 個有力步驟》（*Go Put Your
　Strengths to Work: 6 Powerful Steps to Achieve Outstanding
　Performance*）馬克斯‧巴金漢著／美版

《差異的力量：混亂與天才之間的聯繫》（*The Power of
　Different: The Link Between Disorder and Genius*）蓋兒‧薩
　姿著／美版

《財富原動力：一生不為金錢所困的時間與才能使用法》（ウ
　ェルスダイナミクス　一生お金に困らない時間と才能の使い
　方）宇敷珠美著／日版

《發現天賦之旅》肯‧羅賓森著／天下文化出版

《讓天賦自由》肯‧羅賓森和盧‧亞若尼卡合著／天下文化出版

《探索人格潛能，看見更真實的自己》布萊恩‧李托著／天下雜
　誌出版

《性格優勢的力量：接受並激發你的正向人格》（*The Power
　of Character Strengths: Appreciate and Ignite Your Positive
　Personality*）萊恩‧尼米克和羅伯特‧麥格拉斯合著／美版

《平均的終結：如何在崇尚標準化的世界中勝出》陶德‧羅斯著
　／簡版

世界最簡單的才能發現法

《終結平庸：哈佛最具衝擊性的潛能開發課，創造不被平均值綁架的人生》陶德‧羅斯著／先覺出版

《正向心理學入門》（*A Primer in Positive Psychology*）克里斯‧彼得森著／美版

《優勢書：實現最好的自己，變得自信、成功並享受更好的人際關係》（*The Strengths Book: Be Confident, Be Successful, and Enjoy Better Relationships by Realising the Best of You*）艾力克斯‧林利、珍妮‧維拉、羅伯特‧比斯瓦斯‧迪納合著／美版

《一次讀懂商業經典》湯姆‧巴特勒-鮑登著／時報出版

《杜拉克精選個人篇：執行、貢獻和實現》（*THE ESSENTIAL DRUCKER ON INDIVIDUALS: TO PERFORM, TO CONTRIBUTE AND TO ACHIEVE*）彼得‧杜拉克著／日版

《岩田聰如是說》岩田聰著／台灣東販出版

【參考論文】

外向型、內向型的研究：https://link.springer.com/article/ 10.1007/s10902-018-0037-5

人格特質研究：https://psycnet.apa.org/record/2010-25587- 001

表現的研究：https://www.sciencedirect.com/science/article/ abs/pii/S0022103114001644?via%3Dihub

心理學研究：https://journals.sagepub.com/doi/abs/10.1177/ 0963721411402478

決定與修正研究：https://pubmed.ncbi.nlm.nih.gov/11999920

謝辭

本書承蒙很多人的協助，才能呈現在各位面前。雖然沒有辦法一一列出姓名，但是藉此要特別對他們致上謝意。

責任編輯尾小山先生，在我明知截稿在即仍說想要更改封面的設計時、每每拖欠書稿時，還是找來相關工作人員幫忙解決，真的非常感謝。本書得以完成，都是尾小山先生的功勞。

而最近距離守護著我的是妻子匡美。在超過半年的漫長撰稿期間，有她的支持讓我能夠完成這本書，真的很感謝。

最後最想感謝的莫過於願意用人生寶貴的時間來閱讀本書的你。因為有人看，我才有寫作的動力。

話說，要在這個人多嘴雜的社會，靠一己之力實踐本書的方法並不容易。因此特地整理了四大特輯附於書末，為讀者備妥可以實踐本書內容的環境。

衷心希望各位都能找到活用才能的歸屬之地。

【附錄】

四大特輯

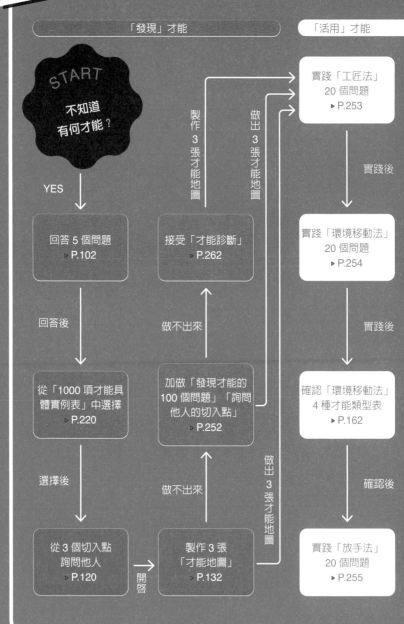

特輯 1　「發現→活用→培養」才能

「發現」才能

「活用」才能

START

不知道
有何才能？

YES

回答 5 個問題
▷ P.102

回答後

從「1000 項才能具
體實例表」中選擇
▷ P.220

選擇後

從 3 個切入點
詢問他人
▷ P.120

開啟

製作 3 張
「才能地圖」
▷ P.132

做不出來

加做「發現才能的
100 個問題」「詢問
他人的切入點」
▷ P.252

做不出來

接受「才能診斷」
▷ P.262

製作 3 張才能地圖

做出 3 張才能地圖

做出 3 張才能地圖

實踐「工匠法」
20 個問題
▷ P.253

實踐後

實踐「環境移動法」
20 個問題
▷ P.254

實踐後

確認「環境移動法」
4 種才能類型表
▷ P.162

確認後

實踐「放手法」
20 個問題
▷ P.255

視覺化流程圖

「培養」才能

尋找「榜樣」
▶ P.194

找尋「喜歡的事」
▶ P.199

可以活用優點、
掩蓋缺點

可以活用優點、
掩蓋缺點

找到

還沒成為強項

加做「活用才能
的 100 個問題」
▶ P.253

尋求他人的
「建議」
▶ P.197

加做「100 個活用
才能的問題」
▶ P.253

還有沒活用的優點
還有隱藏的缺點

已得到
建議

選擇要學的技能

實踐「靠人法」
20 個問題
▶ P.257

以「環境移動法」
4 種才能類型表確認
▶ P.162

形成優勢

形成優勢

實踐後

GOAL

恭喜！

將心力專注於活用你獨有的
優勢，接受來自很多人的
「感謝」！

實踐「結構法」
20 個問題
▶ P.256

實踐後

1000 項才能具體實例表

	缺點	才能	優點
1	心力關注於照顧甚於成果	關照團隊裡有問題的人	讓團隊整體步上正軌
2	以自己受到認同為優先	向別人推銷自己的成果	刺激對方提升動力
3	無法專心在話題的進行	聽到一就聯想到十	想像力豐富
4	太過在意其他人,沒有意識到自己	殷勤款待對方	用心讓對方能夠放鬆
5	拘泥小節無法有進度	修正細節	堅持細節,精益求精
6	會把不夠現實的解決方案也列入選項	遇到最壞的狀況也能想像繼續前進	能設想正面的解決方案
7	無法拒絕別人	以不會讓人討厭的方式做事	吸引人
8	話太多	提供對方感興趣的話題	說話不會讓對方厭倦
9	太過拘泥於形式而缺乏真心	有恩必報	彬彬有禮
10	在了解原點之前不會動	回到原點	回歸目的
11	不一定會有成果	盡快行動	突破現狀
12	過度在意一字一句	指出語詞的錯誤	高品質的呈現
13	失去自己的步調	配合對方的步調	和對方齊步走
14	看事情過於兩極化	回答非黑即白、一清二楚	回答不會曖昧不清
15	不會採取大膽的行動	先暫做決定就開始行動	依狀況摸索有效率的好方法
16	只在意對方怎麼想	想像對方的心情	站在對方的立場思考
17	沒有顧慮到他人的感受	冷靜分析原因並研擬可行對策	不會感情用事,能冷靜想出解決方案
18	省略說明決策流程,無法獲得理解	掌握目標達成的最短途徑	遇到問題馬上就能找到最好的方法
19	太過拘泥於語詞	字斟句酌寫文章	能寫出洗鍊的文章
20	不按照命令行動	使用原創的方法行動	追求原創性
21	認識淺薄	有好奇心就去學	涉獵的知識範圍廣
22	即使不適合也強迫對方努力	相信對方有無限的可能	堅決的支持別人,培養可能性
23	失去抽象的觀點	思考分析事物	掌握事物組成要素
24	經常失敗,馬疲人倦	行動比理論優先	實行速度快
25	只在意是否達成	可以完成任何事	不論發生什麼都能達成任務
26	樣樣通、樣樣鬆	根據策略有效率完成工作	做好每一件事
27	心機太深	隨著對方的表情、態度改變應對方式	能從非語言的狀態掌握對方的狀況
28	強詞奪理	針對對方的意見說出別的想法	將自己行動的理由告訴對方
29	被誤會在找碴	看到錯誤的地方就會指出來	修正必要之處
30	輕視不重要的資訊	在大量的資訊中只專注於重要的內容	萃取出重要的資訊
31	行動選項不夠多	做事認真	做事合情合理
32	被認為是濫好人	小事情也會感謝	謙虛
33	以整理為優先,重要的事丟一邊	會整理周邊的環境	創造容易集中精神的環境
34	失敗也很醒目	在很多人面前演講	在有聚光燈的地方可以充分發揮
35	變化太劇烈	身段柔軟	不拘泥於固有作法,會嘗試不同方式

	缺點	才能	優點
36	欠缺具體性	掌握事務全貌	從整體的角度看本質
37	只看未來	對未來的想望很明確	為自己的願景加上動力
38	不顧本人的意願	幫別人尋找並介紹合適的協助者	找到新的合作關係
39	想要馬上縮短和對方的距離	能輕鬆的和對方攀談	解除對方的警戒心
40	僅止於花錢、花時間，沒有實踐活用	花錢、花時間去學東西	專心於學習想要的知識
41	所有案子只能平均分配進行	同時進行很多案子	整體效率提升
42	神經質	在意小錯誤	高品質的呈現
43	偏袒熟人	把同事當家人般重視	建立溫馨的關係
44	逃避現實	用想像力勾勒未來	提高自己的士氣
45	自己不思考	什麼都問人，毫不避諱	很簡單就能蒐集到需要的情報
46	不太有反應，會讓人覺得不知道在想什麼	耐心聽對方說話	真摯的了解對方的想法
47	沒有考慮對方感受，任意拉近距離	注意到誰不在朋友圈，會馬上拉進來	舒緩對方的疏離感
48	會被誤會沒有成長	碰到許久不見的人，會用跟以前一樣的態度對待	建立穩定的關係
49	造成朋友的負擔	發揮解決問題的領導作用	與夥伴共同解決問題
50	不會害怕的人令人畏懼	行動時精力充沛、充滿挑戰精神	將經驗變成寶藏
51	對語詞過分執著，眼界變窄	注意到言語上的錯誤並修正	傳達更美好的未來
52	會責備不守規定的人	做事有強烈的正義感	遵守規定，正確做事
53	無法聚焦	從事不同類型的工作	同時進行效率變好
54	避免失敗的意識薄弱	從失敗中學習	所有的經驗都可以變成一種學習
55	情報太多太累	對別人不關心的事情很在意	能感覺到細微的變化
56	感覺很可疑	說話很有技巧	說出來的話讓人印象深刻
57	沒有發現回答已經離題	仔細回答對方的問題	讓對方認同
58	自我犧牲	竭誠支持	付出不求回報
59	無法激發對方的上進心	對於別人的過去全盤接受	給人內心的平靜
60	花太多時間	花心思讓對方好懂	整理資訊，建立體系並加以說明
61	跟人不同之處會固執己見	提出嶄新的提案	打破僵局
62	無法輕鬆思考	盡早發現問題	及早著手改善防止惡化
63	太過操心無法放鬆	揭示各種解決途徑的風險	事前避開可能有問題的方案
64	花太多時間解決問題	每個問題都解決	面對問題不退縮，直球對決
65	放棄改變自己	認為自己的命運已定	任何事都逆來順受
66	負面的部分視而不見	對事物抱持肯定態度	會注意到事物好的一面
67	看起來很閒	行程不會太緊湊	有突發事件也能應對
68	輕忽風險	挑戰史無前例的事物	以唯一為目標
69	只和優秀的人共事	聚集優秀的夥伴	組建優秀的團隊

	缺點	才能	優點
70	為了教而學	不吝教導別人	自己的知識不吝於分享
71	對於大家都會做的工作沒興趣	自己創造工作	創造出前所未有的職業
72	脫離大方向時難以修正	可以明確傳達長期方向	制定堅定的方針
73	喪失原本的目的	為了得到認同而努力	善用認同欲望積極向前
74	厭倦一成不變	不斷改變	享受變化
75	行動前不會看狀況	按照自己的想法行動	以個人為主體行動
76	表達自我要花很多時間	自己先不說，先聽對方說	以對方為優先
77	不該說的也說了	會說心事	縮短與對方的距離變得親近
78	不重視以前學的東西	獲取新知	增廣見聞
79	機會從眼前溜走	要花很多時間才能下決定	自己認同才行動
80	太想要了解他人的感受而覺得疲累	想要洞察團隊裡每個人的感受	協調與主導團隊氣氛
81	講話太尖銳刺傷對方	不懂就會明說	可以得到明確的答案
82	每件事都不夠專業	平均地做每件事	保持一定水準的產出
83	無法不帶偏見的思考	尋找正面的訊息	給其他人希望
84	光靠一己之力無法提高士氣	成為他人成長的動力	以提高士氣的行為加速他人成長
85	把時間花在回顧，無法享受現在	反省一整天的行為，確認是否有缺失	提高明天的行動品質
86	太過在意勝負	享受樂趣的同時也要求勝	像玩遊戲一樣工作
87	避免和別人一樣	展現自我個性	試圖製造和別人的差異化
88	有沒有受到讚美會左右心情	做事時希望得到感謝	為了對方而努力
89	規畫出不合理的行程表	不分晝夜為了成果而努力	抱持渴求精神去做
90	缺乏科學根據	根據自己的想法提供建議	滿足對方
91	自己的事情像是別人的事	可以俯視事物	冷靜觀察事物
92	在混亂的狀況下表現就會變差	安排行程	掌握計畫
93	給對方壓力	用話語給別人士氣和勇氣	用話語推別人一把
94	變得面無表情	討論時會思考如何整理複雜的問題	繪製解決複雜情況的路徑
95	被認為是多管閒事	即使難以啟齒，還是會跟朋友說	加深與對方的關係
96	即使心態變化，也要保持一致性	言行一致	說話和行為有一貫性
97	重量不重質	做了很多檢查表	拚數量
98	感情起伏太劇烈讓人困惑	看到媒體報導能立刻掉淚	心思細膩易起共鳴
99	捨棄合作	獨立行動	一個人可以完成
100	花很多時間去蒐集可能用不到的資訊	看到對方有難，會蒐集必要的資訊給他	蒐集對方需要的資訊並告訴他
101	別人說什麼都相信	接受每個人的個性並友好相處	可以包容各種類型的人
102	不知道該用哪個對策才好	會想出好幾個對策	不會隨隨便便，能確實進行
103	讓身邊的人很焦慮	工作比預期早結束	事物能比預期迅速結束

	缺點	才能	優點
104	被保守的人拒絕	史無前例的提案	提出革命性的計畫
105	對談時無法集中於話題上	能了解話中有話	能參考其他人的想法
106	對方覺得你很麻煩	給對方思考的機會	提高對方的思考力
107	沒有評估其他的可能性	速戰速決	馬上就可以給出答案
108	找到正確的選項很耗費時間	思考所有的可能性	從各個角度看事物
109	沒有考慮他人的想法	鼓勵大家一起努力	創造全體合作的氣氛
110	過分重視平衡	考量整體平衡	事物標準化
111	沒有規則就亂成一團	遵守工作規則	遵守規則正確執行工作
112	不擅長的事就不面對	擅長的事持續精進	更加專業
113	一不小心會變成質問的語氣	很有興趣聆聽對方，並且會反問	與對方有更多對話來加深關係
114	執著於自己原創的方法	致力於自己獨創的作法	利用獨門方法展現好成果
115	沒有想到發生問題時該如何應對	大膽行動	給周圍新鮮的刺激
116	缺乏穩定性	挑戰新事物	拓展視野
117	不容許模稜兩可的答案	導引出正確的答案	導引出正確性的結論
118	沒人發問就沒有想法	被詢問就會不斷想出新點子	藉由問題激發新創意
119	看太多反而會懷疑	觀察人群	得到新的見解
120	遇到例外狀況不會對應	對一切平等看待	無差別待遇
121	不合理的努力超出自我極限	努力拼第一	不管到哪裡都會勇往直前
122	將他人區分優劣	以第一名為目標	為了求勝而努力
123	諮商時會過於情緒化而感到疲憊	在貼近對方心情的同時當一個稱職的諮商者	獲得周圍人的信任
124	避免與不重視關係的人交往	將相遇視為必然	珍惜每一次相遇
125	對方在心理上感到疏遠	公平對待他人	平等對待，沒有特殊待遇
126	以優秀程度評判他人	與他人競爭	證明你的優勢
127	古板而沉悶	對人彬彬有禮	舉止有禮
128	無法開玩笑	分析任何對話	冷靜處理，不被情緒左右
129	會受周圍環境打亂	不墨守成規，自由思考	靈活思考
130	無法注意周圍環境而變得孤立	深入思考	有深度的答案
131	他人優先，自己殿後	避免團隊衝突	希望團隊和諧
132	過度觀察他人	定期與對方聯繫確認進度	管理團隊的進度
133	忽略最終結果或目標	統一執行方式	遵守規則
134	對他人期望過高	大方地告訴別人你有某種職業的才能	拓展他人的潛力並引導他們前進
135	繼續忍受你不喜歡的人	重視與人的關係	維護人際關係
136	無法對不可預測的機會做出反應	事前調查不清楚的事物	仔細準備
137	過分追求協同效應，加重自身負擔	創造時期望未來會有好的成果	提供毫無保留的成果

	缺點	才能	優點
138	在掌握狀況之前不會採取行動	試圖了解事物的全貌	以令人信服的方式行事
139	不知道自己正在說什麼	一邊說話，一邊思考下一步該說什麼	連接到下一個主題而不會感到不自然
140	在你了解過去之前不會行動	了解事情發生的經過	善用洞察力了解事物背景
141	篩選資料過程太仔細而花過多時間	從蒐集的情報中篩出可信度高的資訊	彙整出正確性高的資訊
142	沒有向前看	在回顧過去的同時勇於面對	透過回顧加深理解
143	即使對方沒有意願，也任意開始競爭	像遊戲一樣進行	提升績效以獲取勝利
144	過於率直造成衝突	坦率說出想法	誠實地表達感受
145	看不到任何具體措施	構建想法並說明目的	提出創意的想法
146	選擇性交友	與提升自我、實現目標的人來往	與最優秀的人一起完成最好的工作
147	當發生計畫外的事件會難以修正重來	規畫長期人生藍圖	預測人生並做好準備
148	以迂迴的方式說話	解釋概念後談論細節	將抽象具體化
149	即使不需要也要繼續做	養成習慣	建立可以持續的機制
150	忽視眼前優先事項	看別人學習，自己也會開始跟著學	透過周圍環境的啟發來獲取新知
151	自己也變得沮喪	感知悲傷者的感受	感同身受對方的悲傷
152	輸了就感覺目前為止所做的一切都毫無意義	制定長期致勝戰略	以長遠的眼光取勝
153	缺乏新鮮感	將東西定位	讓身邊井井有條且舒適
154	不會活用過去的教訓	從未來倒推該如何行動	想像未來的同時有效率的行動
155	對平均分數不滿意	以平均分數以上為目標	行動以最高分為目標
156	給心理帶來壓力	吃苦耐勞	控制負面情緒
157	自責卻沒有改善方案	睡前反省自己一整天的行為	隔天改善
158	只在意結果	為了成果而努力	不達目的絕不放棄
159	不會配合對方的個性應對	對每個人都一視同仁	在不被他人左右的情況下對應
160	只專注於提高工作效率	省下無謂浪費的時間，用來實現其他目標	時間效率化
161	無法發揮優點	專注於缺點	修正缺點
162	連想獨處的人都過分關心	會關注孤獨的人	緩解對方的孤獨感
163	只關心別人，卻沒解決自己的問題	設身處地談對方的煩惱	協助解決對方的問題
164	不會確定優先順序	猶豫不決	只看當下
165	缺乏效率	沒有計畫的行動	珍惜當下的心情
166	無一定有效率的產出	找出多條路徑	嘗試多種方法，直到看到結果
167	將自己的價值觀強加於他人身上	以不容商榷的價值觀行事	努力且自尊心強
168	行事風格自私	專注於實現夢想	創造實現願望的環境
169	檔案占用空間	歸檔蒐集到的知識	構建一個易於查找資訊的系統
170	自卑	發現自己的錯誤	讓自己恢復到更好的狀態
171	一切都責怪自己	找出自己問題的原因	確定問題的根本原因

	缺點	才能	優點
172	只有見面時淺談，關係不深入就告終	在對話中找到共同點	快速了解他人
173	從淺薄的思維開始	不害怕第一次	從經驗中多所學習
174	一直思考無關緊要的事	仔細思考直到獲得結論	養成有整合性的思維
175	善行不被別人注意到	行動時避人耳目	自由自在地行事
176	重視公平而導致延後達成	訓練團隊公平對待	考量團隊的整體性
177	拘泥於數據	以數據掌握成果成效	將成果可視化
178	讓每個人步調一致需要時間	創造一個每個人都可輕鬆交談的地方	尊重每個人的想法
179	使討論複雜化	從各種觀點發言	讓周圍的人思考更深入
180	受不了無所事事	高效完成工作	在數字上用心
181	沒有足夠的時間練習	為了提高品質，挑戰實戰	不練習而是增加實戰經驗
182	忙於蒐集資訊以揭示問題的全貌	解決前所未有的問題	創建罕見的解決方案案例
183	輕視別人的辛苦，覺得對方不如自己	相信自己可以克服任何困難	面對逆境
184	對自己職責範圍外的事物漠不關心	履行自己的職責	集中心力於自己職責範圍內的事物
185	避免衝突對立	行動時了解萬物皆為一體（合一）	接受任何事物
186	要求他人完美	建議如何在遺漏或沒遺漏的情況下完成	幫助他人達成目標
187	沒有意識到可能還有其他更好的方法	每天做同樣的事	磨練技能
188	在不知不覺中筋疲力盡了	癡迷於一件事	把事情做好
189	追求不是問題的事情	直接面對問題不逃避	打破僵局
190	不相信別人	察覺到人們的謊言	尋找真相
191	花太多時間確認	仔細檢查	盡量減少錯誤
192	與遲鈍的人合不來	以良好的節奏說話	對話引人入勝
193	責怪自己過分追根究柢	把人際關係中的煩惱當成自己的問題	不會責怪別人，努力改進自己
194	給對方施加壓力	要求對方誠實地表達自己的感受	提高討論的品質
195	太在意自己的行程安排，沒有保留餘裕	考量未來進度制定行程表	有計畫的行動
196	無法實踐	積極參加研討會和課程	系統學習知識
197	做出毫無根據的決定	根據當下的感覺做決定	容易進入狀況
198	沒有查證蒐集來的訊息的真實性	精確查找想知道的資訊	在提高學習效率的同時獲取新知
199	沒有注意到在做一些無謂的行動	認為採取行動有意義	有一定的結果
200	對生活不夠認真	即使有問題也認定「那就是命運」	發生任何事都能解釋
201	犯不必犯的錯誤	開始新事物	從經驗中汲取教訓
202	不要學無用的東西	以效率為本	行動精益求精
203	蒐集太多無用寶藏也會變垃圾	蒐集感興趣的所有資訊	提供豐富的資訊
204	按計畫行事	努力讓成果看得見	將行動轉化為成就
205	從挑選到入手要花很長時間	選擇配合對方喜好的東西	充分了解對方，讓他們開心

	缺點	才能	優點
206	表達不夠確實	向他人解釋大局	抽象化傳達具體事件
207	因徹底支援而筋疲力盡	親力親為，全力支援	永遠與對方親近，並盡力而為
208	對他人的臉和名字配不起來	參與很多社群	擴展人脈
209	想挑戰超過自己實力的事物	未來充滿無限可能	不考慮自己只想到遠大的理想
210	只想到方法論	會評估有沒有其他好方法	注意到新的可能性
211	不守秩序	超乎常識的行為	不拘泥於現有的方式能靈活變通
212	組織變得龐大且難以管理	想出一個每個人都可以享受的方案	提供一個與各種人互動的場所
213	完成就是目的	有始有終	負責任地完成開始的事情
214	剝奪對方的自由意志	告訴對方遵守規則	確保組織安全無虞
215	沒有解決根本問題	專注於優點並發展	彌補弱點
216	不會拒絕別人的要求	行事負責	贏得他人的信任
217	建立一個只重視利害關係的團隊	傳授團隊獲勝的方法	發揮領導能力取勝
218	進展落後於常態	對每一個過程都很講究	仔細講究
219	讓對方覺得有負擔	敞開心扉說出你照顧他人的想法	為深厚的人際關係奠定基礎
220	即使不想也會不由自主繼續	在一段時間內重複固定行為	行事有紀律
221	思緒雜亂無章，混亂不堪	列出一些解決方案	思考各種解決方案
222	說話沒有焦點	想到什麼就說什麼	邊說邊彙整
223	反抗他人的指示	主動出擊，明確指導	給出精確的指示
224	過於放肆	隨意談論私事	支持對方自然展現自我
225	缺乏實現的方法論	相信自己未來一片光明	對自己的未來充滿信心
226	忽略與實現目標無關的事情	發揮領導能力實現目標	讓團隊順利朝目標達成前進
227	太奇怪讓人有戒心	重視看不到的事物，如能量和時空	彙整思考一切
228	說話過度戲劇化	說話讓人印象深刻	吸引對方的注意力
229	被有很多問題的人所吸引	解決人們遇到的許多問題	將一個人帶到沒有問題的狀態
230	花時間思考	對事物進行分類彙整	準確把握事物結構
231	忽略自己	鼓勵團隊中的每個人	支撐整個團隊
232	給對方利用你的機會	接受對方	愛護和關心他人
233	太過突然讓周圍的人感到困惑	提出別人沒有想到的點子	提出新穎的提案
234	自私的執念變成固執	自我堅持	有堅定不移的自尊
235	精神上逼死自己	敢於面對困難	為了崇高的目的而磨練自己
236	因直言不諱而沾沾自喜	盡最大努力鼓勵對方保持積極的態度	全心全意地支持對方
237	忽視了相關人士的感受	從數據中邏輯思考	邏輯思考
238	忘記適度休息	貪婪地獲取知識	知識的積累
239	沒有注意失敗的原因	分析勝利的原因	掌握致勝模式
240	過度解讀	思考對方說話的意圖	了解對方的真實想法

	缺點	才能	優點
241	將正確性置於結果之上	理解事物	以倫理和道德感行事
242	如果覺得合不來，就不跟任何人講話	如果氣味相投就積極攀談	憑感覺尋找志同道合的人
243	傳授不必要的知識	將所學知識傳授給他人	幫助他人加深見識
244	不進入正題	破冰炒熱話題	緩解緊張情緒
245	試圖把所有東西強加在一起	相信到目前為止所有的經驗都沒有浪費	提升視野並接受事物
246	不喜歡的事情就不碰	將樂趣放在首位	追求舒適
247	不會為意外做準備	思考一個沒有限制的光明未來	超越一切可能
248	被小事傷害	對他人的言語和態度很敏感	推斷對方的真實意圖
249	說服所有人要花很多時間	彙整意見讓每個人都能認同	彙整每個人意見好的部分
250	用量化結果判斷人的優劣	通過量化掌握結果	根據量化結果提高生產率
251	向沒有麻煩的人伸出援手	馬上發現可能遇到麻煩的人	觀察周圍環境並提供早期支援
252	一直回顧過去	了解事物背後的動機和意圖	了解計畫的原形
253	沒有試圖克服弱點	發現自己擅長的事	把精力集中在擅長的事情上
254	太滿足於現狀而無法成長	感恩人生於世	謙卑地尋找生存的意義
255	制定草率的計畫	在最後一刻完成任務	在短時間內專注於工作
256	沒有餘裕	根據長期計畫決定每天要做的事並付諸實踐	為實現未來理想訂定計畫和行動
257	花費太多時間	精益求精	更接近完美
258	甚至沒有注意到已脫離現實	一個人埋頭苦思	專注於自己的想法
259	無法拒絕請託	輕鬆接受請託	請託的事都會做完
260	搶贏對手	注意對手的優勢	發揮優勢進一步磨練技能
261	未經允許侵入對方私生活	支援與工作無關的領域的成長	支持個人在生活中的成長
262	說話沒有一貫性	在不同情況有不同的想法	根據情況靈活處理
263	沒有耐性	立即滿足行動的欲望	快速完成工作
264	不懂裝懂	進行知性對話	利用廣泛的知識來加深學習
265	很難投入	提前發現風險	一切順利進行
266	無法做出理性的決定	做決定時考慮心情	用心對待人們的情緒
267	別人來諮詢問題，會給出離題的答案	在人們狀態不好的情況下仍會發現他的優點	讓別人積極進取
268	有突發狀況也不懂得改變方向	決定做某事就會努力做到底	堅持自己的決定
269	有些人由於能力的差異而發揮了很大的作用	公平分配團隊職責	分散團隊負擔
270	迴避熱心過度的人	竭盡全力鼓勵迷失的人	激勵他人
271	試圖支配人們	堅持己見，不怕對立	照自己的想法驅動他人
272	無法確認未來的安排時會感到焦慮。	提前準備，事前計畫	從長遠的角度掌握和應對事物
273	不要相信別人	認為自己的作法是正確的	堅定不移地行動
274	赤裸裸的發洩自己想法	與他人開誠布公的溝通	深入了解對方

	缺點	才能	優點
275	僅基於過去的經驗	反覆向過去學習	提高再現性
276	很多遺憾和懊悔	願意接受任何挑戰	不斷拓展新的可能性
277	花太多時間掌握結構	思考由哪些要素組成	以易懂的方式整理和理解事物
278	把自己的想法拋在腦後	掌握並考量他人的意見	腳踏實地、實事求是
279	不把生活當回事	不執著於每件事而加以克服它	著眼長遠觀點
280	將對方想法套到自己框架並做出決定	從對方的言行和動作中了解真正意圖	憑直覺辨別對方的感受
281	需要很長時間才能接近理想	降低標準並解決	確保從能做的事情開始
282	客製化需求太多，時間不夠	觀察人們，以便為他們提供個人化的服務	為每個人量身定做
283	試圖改變個性是徒勞之舉	努力改進缺點	促進自我成長
284	沒有顧慮想獨處的人	與不熟的人攀談成為好友	高效增加朋友數量
285	即使很辛苦也不以為意	積極談論克服困難的經歷	給予希望
286	希望對方也了解自己的心情而感到沮喪	察覺並接受對方的負面情緒	對他人的心情感同身受
287	容易受打擊	不斷回想起負面的反饋	根據指證改進缺點
288	不達目的不休息	專注於成就	捨棄不必要的事
289	太敏感	感覺氣氛不對	引導進入平穩狀態
290	無法馬上給出答案	對事物的反思	從過去的事件中學習新事物
291	強迫自己積極思考	也接受事物的消極部分	不論好壞都接受的覺悟
292	遠離破壞氣氛的人	避免意見衝突	重視氛圍
293	成為工作狂	提高工作效率	不浪費時間，充分利用
294	沒有標準就不做	尋求明確的標準	根據指標採取行動
295	風險管理不善	認為「只要還活著就有辦法」	樂觀人生
296	不考慮對方的理解力而使用艱難詞彙	用各種詞語來表達自己	充分利用詞彙
297	缺乏準備而失敗	迎接前所未有的挑戰	提高自我效能
298	只靠自己的正義感做事	相信自己認為正確的事情並採取行動	朝着正確的方向前進
299	嚴格按規定管理	確保事情做對	讓事情順利進行
300	省略過多	傳達重點	清楚地傳達觀點
301	害怕未來的失敗	把別人的失敗當成自己的事	臆測他人的感受
302	把其他人拖下水	想到就去做	立即採取行動
303	不去想實現的途徑	相信自己能做到	相信自己的力量
304	需要改進的地方也置之不理	將不完美視為常態	不帶偏見地看待事物的本來面目
305	即使是好事也無法真正開心	發生的事情都賦予意義	不會被事件左右
306	不採納大家的意見	會顧全場面	營造和諧的氛圍
307	過分相信數據	基於數據研究解決方案	定量分析
308	失去正義感	了解差異並溝通	不會把自己的理所當然強加在他人身上

	缺點	才能	優點
309	給對手施加壓力	向對方清楚傳達重要問題	切中要害，勇往直前
310	對任何人都可以做的工作不感興趣	專業意識	展現高品質的成果
311	最終很難克服	預測未來的問題	防患於未然
312	非我族類會分彼此	有意識地增加可信任的夥伴	與夥伴建立牢固的關係
313	在還沒整合好之前不會行動	整合多個事實得出結論	理論化並解釋事物經過
314	對人有敵意	與他人比較並察覺到同一水準的人	憑直覺找到對手並互相切磋
315	過於僵化和不靈活	遵守規則	不會懈怠偷懶
316	將自己的願景強加於他人	以理想未來為共同目標	激勵身邊的人
317	試圖將所有事物都套進同一個模子裡	發現共同點	尋找事物的規律性
318	不假思索地鼓勵人們	即使沒有根據也要鼓勵人們	給予人們勇氣和自信
319	讓人覺得自己沒有成功經驗很自卑	慷慨地分享自身的經驗並協助	傳達自己的成功經驗並讓大家參與
320	不依賴別人	獨自行動	獨立自主
321	傾聽抱怨	事前與不滿的人交談	提前預防衝突
322	花費太多時間蒐集資訊	蒐集各種資訊	積累自我提升
323	渴望在短時間內解決問題	應付緊急情況	在最短的時間內找到最好的解決方案
324	將工作置於個人生活之上	嚴守交期	避免發生緊急狀況，安全進行
325	被認為無法控制自己的情緒	容易感動	盡情品味生活
326	史無前例且風險重大	彙整各種想法提出新的企畫	創造一個獨一無二的專案
327	缺乏不帶成見的視角	將缺點轉化為優點告訴對方	靈活的角度為他人帶來活力
328	嚴厲對待越軌言論和行為	遵守規則	努力使事情變得統一
329	強迫自己說服自己	相信一切都是命中注定	在事件中發現一些意義
330	不會去做優先順序低的工作	專注於優先順序高工作	更高效的工作
331	兌現承諾成為目的	信守承諾	誠信行事
332	讓對方誤以為不說你應該也懂	為對方發聲	體會對方的感受並用語言表達出來
333	把時間浪費在枝微末節上	注重細節	注意人們沒有注意到的事情
334	拘泥於遵守規則	製作操作手冊	將規定可視化
335	發想出別人無法理解的點子	組合事物並提出想法	研發新點子
336	容易被依賴	考慮對方無法用言語表達的感受	給對方信任感
337	沒有設定目標就不會有動力	實現目標	直奔終點
338	用規則束縛人們	建議建立規則	引導組織朝著有序的方向發展
339	對贏得比賽不感興趣	專注於玩得開心	度過一段美好的時光
340	不接受其他人提出的替代方案	了解自己的復原方式	即使出現問題也能立即恢復
341	勉強積極思考	即使失敗也當成一種學習經驗	把一切都變成學習
342	只停留在學習階段就滿足	積極參與可以學習新事物的環境	增加新知
343	不加區別找人加入，擾亂團隊合作	把大家當朋友都拉攏在一起	一視同仁地將人們聯繫起來

缺點	才能	優點
344 忽略自己的感受	在克服中尋找意義	克服痛苦
345 惹上麻煩	調整問題	達成共識，勇往直前
346 沒有充分告知缺點	傳達引領人們走向更美好未來的政策	即使在不確定的未來也能給人安定感
347 增加組織中人員的負擔	制定積極的組織再生計畫	振興停滯不前的組織
348 動作速度減慢	好好面對自己	從根本上解決問題
349 只記得比喻	令人難忘的比喻	講述一個難忘的故事
350 持續與壓力奮鬥	達成設定的目標	言出必行，贏得大家的信任
351 改善對方的問題而做了不必要的干擾	注意對方對自己所說的話感到焦慮	洞察他人的感受並給出適當的建議
352 回過神發現自己在評判他人	觀察人們	加深對他人的了解
353 即使發現問題也會加以忽略	發揮優勢的領域徹底磨練知識和技能	繼續擴展卓越技能
354 不會面對消極情緒	積極思考和行動	精力充沛
355 不冒險	行事注重協調性	實現完全和諧
356 缺乏獨特性	努力使事情變得公平	密切關注所有問題
357 轉移注意力到新事物	了解最先進的技術	獲取最新資訊
358 如果對方聽不懂就會冷場	講述保證好笑的梗	通俗易懂的比喻
359 被認為回答過於草率	針對問題快速回答	迅速解決對方的疑問
360 如果沒有達成就沒有動力	無論成就多大或多小，都要努力實現一件又一件的事情	將成就作為下一步行動的動力
361 效率低下	持續思考沒有答案的問題	獲得哲學性的觀點
362 沒有策略實現	對尚未成形的事物提出想法	產生新點子
363 過度避險	深入思考未來	做出不會後悔的選擇
364 做超出能力範圍的事	始終意識到對方很重要	為對方做出奉獻
365 任意自我判斷	在簡要說明的情況下確實採取行動	無需詳細解釋即可行動
366 叫別人去做你自己可以完成的事物	指揮他人並委派工作	控制周圍環境
367 沒有想法建立在現有的基礎上	擁有新的觀點	拓展視野
368 需要新的刺激來激勵	不斷學習新事物	擴展知識見解
369 不會試圖通過臨時相遇來建立關係	珍惜所建立的關係	建立持久的關係
370 被負面情緒左右	認真傾聽對方的煩惱	抒發負面情緒，緩解心情
371 忙著應付日常事件	珍惜當下	靈活適應現況
372 得出結論要花很多時間	重新審視之前的結論	謹慎思考
373 如果角色不明確就不行動	注重自己的角色	盡自己的職責
374 給自己施加壓力	力求最好	提升到卓越的水準
375 優先考慮他人，不表達自己的想法	確保有關照到每個人的意見	適當地對待團隊的意見
376 接受太多人	平等的接受他人	一視同仁接納他人
377 沒有專注於「現在」	深入思考	更深入的挖掘想法
378 轉移風險很辛苦	找出所有可能的風險	考量到意外風險

	缺點	才能	優點
379	一不小心就會變得感情用事	既重視理論也珍惜情感	兼顧理論和情感做出決定
380	放棄為人生做決定	依靠感覺來做決定，而不是想法	順其自然
381	績效取決於目標的存在與否	專注於一件事	度過充實的時光
382	縱容	擁抱一切	加深與他人的信任
383	沒有退路把自己逼死	設定目標並告訴身邊的人	說到做到
384	有時會把氣氛變得更糟	自由表達喜怒哀樂	表達自己豐富的情感
385	最後只想著自己	在意人們的眼光	思考其他人會怎麼想
386	渴望找到原因	徹底調查問題的根源	以敏銳的洞察力找到問題的根源
387	缺乏普遍性	合併並利用現有的資源	創造原創性的事物
388	將生產力放在次要位置	為每個人有適合的角色	增加對方的自我效能感
389	輕視無關緊要的閒聊	妙語如珠	對人幽默
390	長篇大論	用說故事的方式講述	說話有起承轉合
391	沒有預測到危險	不以外表或語言來評判他人	不帶偏見與人互動
392	讓他人也匆忙做決定	快速判斷	創造改變環境的機會
393	被討厭的人喜歡	保持微笑	行動時有意識讓周圍環境充滿活力
394	不擔心未來的可能性	根據過去的事實尋找解決方案	以腳踏實地的心態解決問題
395	不單獨回應	引導許多人朝著更好的方向前進	為不特定多數而努力
396	一個人不會整理想法	一邊思考一邊聽取對方的意見	通過對話整理自己的想法
397	熱心過度	熱情的談論自己的未來	談論願景振奮其他人
398	在意他人的臉色	知道什麼時候說該說的話	懂得看狀況在最佳時機提出建議
399	將個人置於組織利益之上	體諒夥伴的負面情緒	照顧團隊成員的負面情緒
400	有打亂現場的風險，仍會把人拉進來	不會把人們排除在外	接納所有人
401	不服從指示	根據自己的觀點，彙整取他人的意見	領導團隊
402	沒有平等對待每個人	配合每個人做出不同回應	根據狀況作出最佳反應
403	一直工作，健康亮紅燈	努力實現你的目標	誠實行事，實現崇高的目標
404	逃避面對問題	不把問題當成問題	無憂無慮的生活
405	聽不進否定意見	把自己放在一個認同自己的環境中	與理解自己的人建立關係
406	取得證照本身就是目的	取得證照	找工作時擴大選擇範圍
407	如果情況緊急會讓對方很焦慮	字斟句酌	言之有物
408	資訊太多無法運用	向成功的人提出各種不同角度的問題	參考對方的意見來增加成功的機會
409	不接受別人的意見和想法	以強烈的道德感生活	基於正義做判斷
410	不與他人討論進度	根據自己的想法默默工作	冷漠處世，保持獨立
411	過度疲勞	努力取得成果	繼續累積
412	找到具體形象要花很長時間	參考榜樣行動	找一個值得尊敬的人並且模仿他
413	過分強調常識	遵守規則	決定了就一定要去做

	缺點	才能	優點
414	公私不分	讓自己埋頭苦幹	加快工作速度
415	忽視目標以外的事情	說到做到	將目標實現到底
416	在沒有依據或計畫的情況下行事	不猶豫，嘗試新事物	敢於冒險，吸取寶貴經驗
417	試圖強迫自己改變	補充缺乏的知識和技能	改變自己的言行舉止，更加精進
418	不能保持穩定	執行複雜多樣的任務	保持簡單明瞭
419	一直在意每個人的意見，話題無法前進	營造出每個人都可以輕鬆表達意見的氛圍	提供一個安心的地方
420	排除言論不合時宜的人	基於常識的思考	採取穩健的行動
421	不確認對方的理解程度	透過整合來自不同層面的人的信息來說話	以豐富多彩的方式傳達大量資訊
422	停滯不前時就會亂了手腳	讓事情步入正軌	保持一切順利進行
423	過於熟悉	即使環境發生變化，也馬上就能交到朋友	不怕生不害羞
424	如果你不知道進度，就很難掌握計畫	進度量化	掌握總體的進展狀況
425	無法突破舒適圈	客觀看自己	準確把握自己的情況
426	不談理想	實事求是	一步一腳印向前推進
427	不耐煩	快速完成工作	進展的速度很快
428	讓人覺得可疑	用動人的說話術流利的說話	談判順利進行
429	會浮現古怪的想法	始終滿懷希望地展望未來	思考令人興奮的點子
430	如果沒有得到結果，就會認為一切都是無用的	做事注重結果	每一天都努力取得成果
431	過分重視細節	詳細描述現象	闡明模棱兩可的事件
432	後悔衝動做出決定	速戰速決	儘快完成工作
433	被認為不負責任	不怕被「應該要～」之類所限制	靈活變通
434	無法放鬆	將自我提升的時間納入每天的行程	有意識的為自我成長撥出時間
435	不做沒有生產力的事情	行動瘦身	刪除目標不需要的東西
436	安全的回應	尊重他人的好惡	包容對方的選擇
437	無法每個都排第一	調整成員的日程安排	結合多個因素以保持計畫順利進行
438	不會隨波逐流	任何事情都設定最後期限	努力在截止日期前完成
439	不會想要控制局面	確保人們可以自由行動	不會對人有刻板印象
440	無法適應變化	以有秩序和冷靜的方式進行	讓必須做的事情成為習慣
441	敵視對立	充當人際關係的橋梁	鼓勵他人在大局中找到存在意義
442	破壞平靜的心情	在短時間內談論很多話題	提供豐富的主題
443	只是找出特色也沒實行	在不相關的事件中尋找共同點	進行創造性思維
444	要看到結果需要很長的時間	不論怎樣的個性，都培養成堅持不懈	培養優秀的人才
445	與所屬的組織缺乏互動	與公司外部人員建立關係	更新關係並保持新鮮感
446	對不原諒自己的人很冷漠	積極主動，思想開放	採取積極措施加強關係
447	東西一大堆	準備很多東西以防萬一	為緊急情況做好準備並管理風險

	缺點	才能	優點
448	優先考慮成長，忽視短期結果	重視成長而不是短期結果	著眼長遠觀點
449	太誇張	大聲回應對方所說的話	給對方「我正在聽」的安全感
450	過分重視個人而無視組織的意向	按照個人的意願工作	尊重和共情組織中的每個人
451	等不及	立刻決定何時開始	儘早動手
452	話題永遠停不了	討論有趣的話題	對感興趣的領域深入了解
453	不夠流暢	仔細思考並說出來	不妄下結論，慎重提出想法
454	錯誤的認為就是自己的問題	理解對方的情緒，就好像它們是你自己的情緒一樣	把別人的感受當成自己的事情一樣重視
455	以淺薄的思想行事	接受眼前的事件是不可避免的並接受挑戰	順其自然
456	當被要求介紹時無法拒絕	串聯志同道合的人	為他人帶來新的關係
457	即使很難也不說辦不到	告訴別人自己可以實現	對他人來說很可靠
458	蒐集現在用不到的資訊	蒐集生活小竅門	在緊急情況下提供有用的資訊
459	情緒起伏嚴重，缺乏穩定性	充滿熱情的行動	躍動感會自然傳送給周圍的人
460	為達目的不擇手段	瞄準第一	繼續表現得比別人更好
461	對方沒有意識到情況的嚴重性	迂回的負面意見	在不破壞對方心情的情況下做出回應
462	把時間花在無關緊要的事情上	逐一消除風險	確保每件事可以進行
463	對突如其來的變化感到困惑	有序行事	構建和提高生產力
464	想得比做得多	制定一些對策	採取一個又一個的行動
465	忽視過程	目標明確	只把時間花在必要的事情上
466	因令人不安的言論而心煩意亂	穩定現場	保持現場穩定
467	很快就放棄	接受一切都是不可避免的	放下執著
468	想出不切實際的方案	靈光一閃	想出一個突破性的點子
469	沒有為自己留時間	如果覺得對別人有幫助就竭盡心力	無私的行事
470	同時須處理好幾件事就會停止行動	單一焦點專注於事物	創造一個可以讓自己埋頭苦幹的狀態
471	在需要沉默時說話	開始對話	打破僵局
472	永遠在尋找答案	繼續尋找更好的方法	尋找可以改進的地方
473	看不到其他解決方案	逐一解決眼前的問題	一心一意解決問題
474	超出負荷	以積極的態度接受任何工作	挑戰很多工作
475	沒有意識到說話的整體性	以引起人們注意重點的方式說話	清楚的表達觀點
476	拒絕偏離規範的方式	制定通往目標的清晰路徑	有效管理事情的進展
477	不在乎品質	在確認檢查項目的同時完成任務	善用清單進行跟催
478	被認為自以為是	相信自己的潛力	以挑戰精神迎接任務
479	無法理解遇到困難的人的心境	冷靜觀察對方的情緒	在自己和對方的情緒之間劃清界限
480	只看缺點	檢查並修復損壞的東西	讓事物重獲新生
481	沒有考慮個性	對每個人都平等互惠	防止不公平造成的損失
482	學了就感到滿足，不會真正應用	面對任何事都說「我學到很多」	將任何事情都轉化為「學習」

	缺點	才能	優點
483	一概不接受既定之外的事物	用規則嚴格控制組織	維持組織秩序
484	不請自來提出自己的看法	指出對方的缺點	清楚地告知對方需要改進的地方
485	多管閒事	提出比現狀更好的方案	為他人帶來新發現
486	過度堅持	無論多不合理都會面對事實	接受劣勢並向前邁進
487	不知道身邊發生了什麼事	花很多時間思考	專注於思考，不受周遭雜音影響
488	給人壓迫感	在任何情況下都自信行事	以非語言方式向他人傳達自己的重要性
489	在不了解是否優秀之前不會親近	與優秀的人親近的往來	與優秀的人建立深遠的關係
490	剝奪對方改進的機會	接受對方的言行舉止，不會加以否定	肯定對方
491	聽不到外界的聲音	在短時間內實現目標	全神貫注地工作
492	變得傲慢	使他人與自己想法保持一致	通過共識建立合作體系
493	被認為是恭維	發現人們的才能並告訴他	給予行動的動機
494	不聽從別人的學習建議	找到適合自己的最佳學習方式	建立自己的學習方式
495	隨意行事	邊做邊學	即使在技術不完善的情況下也要向前邁進
496	為了確保正確而做了太多確認	偏離軌道時進行路線修正	在適當的時間提供確的方向
497	胡思亂想無法入睡	不斷想像理想的未來	無論現實如何都充滿希望
498	找到本質前浪費了很多時間	深入思考	抓住本質
499	主觀印象太強	想像現實的未來	對未來充滿信心
500	學習無法與結果有連結	學習而不關注結果	享受學習過程
501	沒辦法什麼都不想	不斷思考	訓練思考能力
502	沒有科學依據	根據自己的觀點發表有信念的陳述	贏得他人的信任
503	不與他人合作	按照自己的節奏取得成果	採取獨立行動
504	因未能兌現承諾而感到內疚	如果無法兌現承諾會提前告知	展望未來並採取行動
505	將自己做事方式強加給團隊	與團隊共用自己做的確認清單	協調團隊
506	被人剝削	與他人分享知識和經驗	慷慨、有愛心的跟他人分享
507	得意忘形	以舒適的步調互動	讓對方心情放鬆
508	花太多時間準備和確認失去餘裕	仔細準備和確認	完美沒有遺漏
509	不注意眼前的現實	預測未來並準備需要的東西	做好充分準備
510	對違反規則的人很嚴厲	按照組織規則行事	確保組織的安全
511	未能採取足夠的風險對策	即使在危機中也要對未來充滿光明的思考	保有積極的心態
512	如果不是走投無路就不會盡全力	將負面事件轉化為力量	以逆境為動力
513	無法說出關聯性的理論根據	直觀的找到事物的共同點	說明事物的相關性
514	風險管理不善	復原很快	不會糾結於事件並繼續前進
515	用教條和偏見來評判他人	相信自己所做的決定是正確的	對自己的判斷充滿信心
516	不看缺點	迅速注意到對方優點並提升他的能力	認識並善用自己和他人的優勢

	缺點	才能	優點
517	跟不上周圍的步伐	按照自己的節奏做事	不會隨波逐流
518	說太多	取悅掌握對話主導權的人	主動與人交談並取悅
519	沒有連貫的想法	錯誤嘗試	提出各種擔憂
520	減少迎接新挑戰的機會	把不擅長的事交給擅長的人做	將工作分配給合適的人
521	文章太長不想看	把想法寫下來	用豐富的語言表達事件和心情
522	招致反感	無論對方是誰，都要說出自己的想法	提高組織開放性
523	重視被認為是好人的選擇	因人而異靈活應對	坦率的接受對方
524	不夠審慎	勇於接受挑戰，不考慮風險	願意承擔風險
525	不尊重他人的意見	決定自己的方向	自發性行動
526	被誤認為「沒有動力」	從容的把事情做好	相信自己能夠處理任何事情
527	不會察言觀色	總是有意識的維持自己原本的模樣	不會美化自己
528	有時使氣氛變糟	開誠佈公的溝通	向對方敞開心扉，告訴他們自己想法
529	忽略現有方法	尋找阻力最小的道路	思考周圍的人可以接受的方式向前推進
530	人們很難理解自己想法	結合不同的流派來提出點子	有效地結合不同的要素來提出方案
531	沒有任務表就不行動	製作任務表	計畫性完成工作
532	不知道自己想做什麼	肯定團隊中每一個人的意見	創造人人都可輕鬆表達意見的地方
533	無視現有規則	將工作指派給最合適的人選	彙整組合讓事情更有效率
534	不耐刺激	遠離是非之地	保持心靈安定
535	沒有關注失敗成因	詳細觀察並告知成功要素	促進對方成長
536	不說實話	從對方的角度思考	所作所為都是為他人著想
537	把事情複雜化	提出對事物的擔憂	假設各種困難
538	優先考量自己的利益	確定可以深交的人	建立舒適的人際關係
539	直到遇到嚴重的事情才會注意到	專注於事物的光明面	不會把事情看得太嚴重
540	誇大	使用肢體語言說話	想辦法傳達給對方
541	在揣測完意圖之前不會說話	理解對方所說的話的意圖	根據對方的意圖做出回應
542	不友好，表現得像陌生人	尊敬地與上級交談	重視下上關係的態度
543	在支援上花費太多時間	花時間支援任何人	創造一個讓他人可以成長的環境
544	歧視擾亂秩序的人	按我的規則行事	保持一定的秩序和穩定性
545	試圖讓一切公平，搞得大家都很累	注意並指出不公平的現象	幫助處於不利的人
546	沒有準確的數據來證明	告訴他人世界只會越來越好	讓焦慮的人平靜下來，給他們希望
547	旁人覺得你很不可思議	感謝尚未謀面的人的緣份	思考未來
548	過於尊重個性，無法統一見解	接受不同的想法	尊重個性
549	在你找到盟友之前不會敞開心扉	總是尋找一個可以讓你放鬆的人	在對方站在你這邊的那一刻，敞開心扉
550	與危險人物也交朋友	善於社交不害羞	讓很多人站在你這邊

	缺點	才能	優點
551	故事變得雜亂無章	抓住對話開場白並擴展對話	擴展新主題
552	猶豫是否要斷絕關係	注意與人的關係	重視關係
553	喜歡維持現狀不會行動	知足常樂	永遠過著滿意的生活
554	將人分優劣	與優秀的人建立關係	與優秀的人合作取得成果
555	無視組織的意圖	相較於組織，更傾向於與成員的想法保持一致	在體會成員意向的同時繼續進行工作
556	不知不覺就打迷糊仗	避免提出明確的意見	與周圍環境相呼應
557	無視上下關係	不因金錢或社會地位而有不同的對待	平等對待他人
558	過多的刺激很疲勞	認識很多人	建立廣泛的網路
559	與消極的人在一起會讓人筋疲力盡	以積極樂觀的態度對待他人	為周圍環境帶來光明
560	花時間在想像	模擬一整天的流程	善用想像力進行預測
561	因為思考需要時間，所以接近的速度變慢	從各個角度深度思考	發現事物的基本原理，而不僅止於表面
562	在焦慮一定程度上得到解決之前，不會認真開始	先消除不安的要素	積極主動
563	過度規範成員行為	注意細節，確保遵循程序	讓組織保持高效並向前邁進
564	不會從失敗中汲取教訓	行動不怕失敗	即使沒有成功，也不氣餒繼續前進
565	質問對方	請對方分享事情的基本原理和背景	蒐集資訊以了解全貌
566	盲目催促他人	鼓勵他們快速入門	讓其他人參與進來，加快推進速度
567	缺乏中立的觀點	找到積極的一面	關注積極的一面並採取行動
568	理想太高無以為繼	回顧過去偉人的歷史	學習將成功心法
569	不夠現實令人失望	想出讓人們感到驚訝的點子	將可能性擴展到無限
570	允許他人不守規則	考慮對方的處境，而不是規定	了解對方行為的原因
571	被認為是誠實的人	做正確的事	以正義感行事
572	不告訴對方問題出在哪裡	告訴對方有什麼需要改進	認同他人的成長並加擔他們的自尊心
573	過分強調標準化和平均化	製作操作手冊等材料	將組織規則可視化
574	對日常活動過度緊張	認為自己的行為無論好壞都會有反饋	自我克制，凡事都要行得正
575	很快遇到瓶頸	接受挑戰未曾探索且有風險的新領域	為事物帶來重大改變
576	進行過程中忽視重點	以易於理解的方式組織事物	從結構上理解事物
577	沒有考量個人差異	為建立對全員而言平等的體制	確保每個人都能順利行動
578	偏向積極的觀點	傳達事物積極的一面	讓固定想法的人改變觀點
579	不隱藏負面情緒	誠實地表達自己的情緒	讓自己感到安心
580	不談論自己	讓每個人都可以平均發言參與對話	提供每個人都可以享受的對話空間
581	先入為主的觀念	從他人的言行中推測資質	增強洞察力
582	以是否優秀來判斷他人	注意對方的優秀的部分	發現他人的長處
583	排除非本質的東西	探索本質	識別本質
584	即使說出來對方也不懂	感受與他人的情感連結	注意看不見的相互關係
585	達成共識需要時間	傾聽大家的意見	找到大家的共識

	缺點	才能	優點
586	過分擔心對方的真實意圖	注意他人言行的細微變化	察覺並考量他人的變化
587	忽視盈利能力	完成交付的任務	與對方建立信任關係
588	推遲低優先順序的事情	制定優先順序後再行動	高效完成工作
589	對打混的人很嚴厲	精益求精	在提高品質的同時完成
590	無法接受事實	以積極的方式看待事物	把任何事情變成學習
591	提出古怪的解決方案	提出新想法，不受現有想法的束縛	探索可能性並找到新的解決方案
592	被認為「是一個無論發生什麼都不會生氣的人」	對每個人都很和氣	療癒大家
593	過於同情別人的失敗，而陷入沮喪	從別人的錯誤中吸取教訓	活用未來體驗
594	很緊張感覺不夠從容	將一整天的計畫可視化	掌握大局就不會錯過任何東西
595	不知道步驟就無法開始	按照規則埋頭苦幹	專注於工作
596	對人事物負面印象	發現缺點	尋找解決問題的線索
597	逃避現實	即使很擔心，過幾天就忘了	不會被消極情緒牽引
598	沒有把時間花在現在該做的事情上	深刻反思過去	徹底反省並活用於未來
599	過分強調解釋而長篇大論	根據過去的案例和情況解釋經過	以通俗易懂的方式告知大綱
600	太忙過度勞累	努力不懈以取得成果	茁壯成長，精力充沛
601	是否有深厚關係的人差別待遇	重視深厚關係的存在	使關係更牢固
602	沒有享受過程	定期修正路線	引導大家不要偏離目標
603	不愉快的過去沒有遺忘而成為創傷	不會忘記過去發生的事情	借鑒過去的經驗
604	過於自信	自信處理事情	生氣勃勃的工作
605	不給別人說話的機會	掌握對話主導權	進行活潑的對話
606	過分關注周圍環境	與他人往來時會體察周圍環境	有常識的行動
607	在等待合適的時機時錯失了機會	找適當的時間表達自己意見	靠直覺掌握時機
608	不讓別人發表意見	引領潮流	強力引導人們實現目標
609	被懷疑	注意同步性	與集體無意識的聯繫
610	讓他人感到尷尬	試圖逗周圍的人發笑	緩和氣氛
611	只在意一致性	用證據說話	給出沒有矛盾的解釋
612	重量不重質而顯得粗糙	在短時間內採取行動，兼顧效率	在短時間內完成大量工作
613	不考慮後續事宜給人添麻煩	反正就開始做	獲得新的見解
614	對於不想讓人碰觸深層心理的人來說是一種威脅	以感覺理解深層心理	深入了解事物
615	一個人的時候就會太天真	留出時間與志同道合的人一起學習	尋找志同道合的人來做事並向前邁進
616	方式總是在變化讓人感到困惑	不拘泥於一種做事方式，彈性處理	靈活應對
617	被問題轟炸	詢問有關自己和他人的問題	對自己和他人的想法更深入
618	不會理論化	即時確定在何處需要做什麼	直覺式的整理事物
619	強迫別人讚美	願意努力工作以贏得讚譽	領導重點專案和團隊
620	事後報告才驚覺有錯誤	在任何情況下「認為自己都能做到」	有高度的自我效能感

	缺點	才能	優點
621	在人數多的場合對話會筋疲力盡	只向自己信任的人揭露	建立牢固的一對一關係
622	無視他人的意見	按照自己的意願行事	每天無壓力的行動
623	把人們的感受放在次要位置	關注事實	分析事物
624	沒有先例時就會困惑	根據歷史進行調查	破譯過去的數據並將其應用於未來
625	輕視事實	著眼於真相思考	重視真理
626	如果無事可做會感到焦躁	總是在做某事	實踐很多事物
627	想出替代方案要花時間	探索替代方案	如果遇到困難會嘗試其他方法
628	很難吸引人	謹慎的自我披露	與他人保持距離
629	找藉口不做你不擅長的事情	嘗試活用擅長的事	做出明智和理性的決定
630	想法太天真	即使在最糟糕的情況下也能找到事物的美好的部分	提升視野，以積極的方式看待事物
631	如果什麼都不懂就沒有自信	弄清楚如何處理日常問題	安心工作
632	沒有考慮能力差異	拉進更多人，擴大集團圈	加強整體團隊合作
633	只學不用	每天享受學習的樂趣	為生活增添色彩
634	忽略與實現目標不相關的事	考慮達成目標的方式的優先順位	戰略性的進行
635	臨時湊合	應對緊急情況	有安全和保障
636	無法滿足每個人的期望	設定最後期限並告知大家	讓團隊更高效
637	強調理性的社交	與認可自己能力的人建立關係	磨練提升自己的才能
638	沒有固定思想	靈活應對不同情況	適應事物
639	疲於追求完美	追求完美	堅守品質不自滿
640	遇到衝突也不退縮	堅持己見	相信自己的意見
641	創造最佳環境比人們的感受重要	為工作指派最優秀的人員	把合適的人放在合適的位置
642	忘記休息，過度勉強	使用待辦事項清單可視化並進行處理	高效行動
643	未能看到大局	具體行動	終結膠著狀態
644	將自己犯的錯正當化	過日子而不感到內疚	不被過去拖累
645	忘記自己想做什麼	思考過去和未來	不受時間軸限制，思想自由來回移動
646	被懷疑是相信宿命的人	認為眼前的事件是無可避免的	面對困難保持積極的態度
647	強顏歡笑或假笑	重視笑容，保持微笑	照亮人們的心靈
648	不珍惜舊制度	透過策畫新方案為社會做貢獻	開始新事業
649	出現預期結果的速度很慢	無論成就大小，都行動起來	對小成就感到高興
650	忽略類型、規則	創造獨特的作品	憑直覺創作
651	容易喜新厭舊	用感覺決定事情	不固執己見
652	沒有把注意力集中在自己身上	密切關注個人和全體的狀況	平衡個人和整體的狀態
653	保持緊張才能繼續前進	確認文件是否齊全	順利製作重要的文件
654	徵求每個人的反饋意見	積極採納反饋	客觀地看待事物並加以改進
655	行事不會配合其他人	自己思考和行動	獨立主動出擊

238

	缺點	才能	優點
656	被認為是依靠他人達到自己的目的	靠他人的力量	激勵那些想要被依賴的人
657	忘記休息	在兼顧時間的同時完成工作	堅持需要做的事情
658	要求對方有同樣的速度	快速做出決策	提高工作效率
659	誤解並根深柢固的信念	有自己的堅定意見	從各種資訊中整合出事物的本質
660	寫出自我滿足的文章	用文章表達想法	寫出情感豐富的文章
661	理想太崇高沒有結果	有夢想和希望，並努力實現	為世界做出重大貢獻
662	強迫他人誠實的給予評價和意見	認真對待任何批評	誠實接受對方的批評，日後好好利用
663	聽對方說太多浪費自己的時間	盡心盡力傾聽對方	引出對方的真實感受
664	花太多時間理解他人	饒富興趣的聽對方說話	試著完全理解對方在說什麼
665	嚇到害怕對立的人	在了解對立是解決問題的一種方式下發言	利用對立產生的好處
666	不認輸	相信總有一天會成真	相信自己的潛力
667	變得專制	擁有主導權	控制現場
668	認為自己有責任掩飾真實感受	選擇用語不透露真實感受	考量不要傷害別人
669	不接受不同意見	讓團隊步調一致	讓團隊朝同一個方向
670	將自己孤立	珍惜獨處的時光	透過避免不必要的刺激來保持穩定
671	保存紀錄卻沒有使用	為了達成目標做必要的紀錄	在需要的時候反省和掌握
672	誤以為其他人也能看到而忽略了解釋	在腦海中模擬最短的路線	戰略性地實現目標
673	缺乏專業領域的知識	學習廣泛而淺薄的領域	將其他領域學到的知識互相應用
674	強迫不善於展示自我的人	要求他人誠實	表裡如一的溝通
675	太執著於自己的方式	以自己的方式處理	建立最佳做事方式
676	以狹隘的方式進行交流	了解對方的資質並與他們溝通	洞察和分類對方的資質
677	壓抑自己的意見	促進團隊討論避免發生爭議	讓團隊保持團結
678	在了解程序步驟之前無法有進展	告訴對方你希望他們教導手順	可靠的完成工作
679	輸得不乾不脆	努力又有耐心	繼續做事
680	在無組織的情況下混亂	建立順序再思考	事物組織化
681	對於形而上持謹慎態度	以看不見的概念為基準行動	創造一定的價值體系
682	居高臨下	報告自己為他們所做的每一步	親切地與對方分享進度
683	無法發現相似之處	從自己的角度表達與他人不同的意見	以獨特而敏銳的視角提供有價值的建議
684	緊急情況下慢慢來	仔細檢查以確保不會犯錯	保持平穩可靠的進行
685	一直抱怨	只向信任的人傾訴真實感受	與他人分享真實的自我
686	如果計畫出錯就要第二次設定	設定計畫	確保事情按計畫進行
687	無法適應混亂的環境	組織和建構事物	整理混亂的事物創建系統
688	忽視業績成果	認同對方的工作方式	重視做事的態度
689	被困在無關緊要的事情中	注意並糾正細微的錯誤	讓事情更接近完美
690	不重視自己國家的文化	與來自不同國家的人互動	通過跨文化交流拓展見聞

	缺點	才能	優點
691	一廂情願認為對方跟你有相同的意象	從過去擴展到未來的意象傳達給對方	從長遠的角度溝通事情
692	大聲斥責	要求遵守規則	制止不當行為
693	成為自戀者	引人入勝的對話	給別人活力
694	變得沒個性	配合周圍環境	採取安全的方法
695	過分關注數字而忽視目標	以明確標準決勝負	將成果量化有具體的成效
696	對周遭的事物很遲鈍	無論發生什麼事都毫不畏懼	行動時不受環境影響
697	不滿現狀	想像未來，興奮不已	對生活抱有強烈的希望
698	即便對方沒有能力也強迫他	支援迷惘的人	盡最大努力支持對方的決定
699	對沒有樂趣的東西不感興趣	以有趣的方式將事物遊戲化	為人們創造一個享受的機制
700	捨棄其他無助於實現目標的樂趣	只專注在能幫助實現目標的事情	優先順位明確並努力實現
701	畫大餅而沒有行動	描繪願景	相信無限可能
702	不給人們成長的機會	自己解決所有問題，無需借助他人之力	自己解決
703	遭人嫉妒	讓聽眾興奮感動	提供娛樂
704	徒勞消耗能量	在失敗的基礎上採取行動	積極看待失敗，並在日後充分利用
705	整個團隊的想法不一致	接受團隊中有不同意見	尊重每個人的意見
706	誤判解決對方問題的優先順位	不論對方的煩惱或大或小都願意傾聽	了解對方的擔憂
707	用自己的標準來評判別人	以合乎道德的正確的方式行事	為世界和他人的利益而行動
708	社交互動不良	以獨處花時間仔細思考為優先	面對事物而不懼孤獨
709	使用太多擬聲詞和擬態詞而太吵	講述充滿臨場感的故事	富有表現力的說話
710	如果被勉強也會承擔	負責任地行事	獲得他人的信任
711	短視近利	想到就去做	更快獲得結果
712	為了提高成效而花太多時間	確認每個動作是否完整	仔細可靠的完成工作
713	不學點什麼就會覺得不安心	獲取新知識增加自己的實力	吸收所學的知識並運用於很多事情上
714	看太多次變成重工	定期目視確認很多人的進度	確保每個人都保持在正軌上
715	只在乎實現目標	以靈活手段實現目標	高效實現目標
716	模糊問題	以積極的話語溝通鼓勵成長	治癒對方的心
717	迄今為止嘗試過的方法驗證較少	立即嘗試新方式	在保持新鮮的同時表現得更好
718	過度彈性就沒秩序	靈活思考	保持彈性方式進行工作
719	缺乏緊張感	在人群面前說話而不緊張	在人群面前準確傳達自己感受
720	周圍的人因解釋不夠而不理解	行動更甚於言語	為周圍的人樹立榜樣
721	除了實現目標之外其他都不在意	評估用不同的選擇來實現目標	從各個角度思考
722	太過於埋頭苦幹以至於看不到周遭發生的事	專注於一件事	取得好成果
723	缺乏他人的觀點	俯瞰自己想法	冷靜掌握自己想法
724	沒有注意到自己受傷	雄心勃勃	讓事情充滿活力的進行
725	人格分裂	配合對方改變自己的溝通方式	量身定製的回應

	缺點	才能	優點
726	很快就會感到無聊	不斷學習最新知識	利用好奇心保持新鮮感
727	過分樂觀	始終積極思考	保持積極的動力
728	陶醉於自己的說詞	用情緒說話	充滿情感的對話
729	對於可預測或重複的事情會感到無聊	靈活變通	應對突發問題
730	忽視體力很容易生病	永無止境的追求成就	達成速度快
731	很難理解對方	瘋狂的蒐集資訊	培養專業知識
732	發生預期外的事情會心煩意亂	從事日常工作	構建流程
733	如果發生突發事件會很難重來	制定計畫以防萬一出現問題	知道根據風險該怎麼做
734	變得自滿	以自己為主行事	按照自己信念行事
735	被別人低估	平等相待	與對方處於同一角度進行對話
736	受限於過去的錯誤	銘記過去的失敗	汲取過去的經驗防患未然
737	對人們的感受變得麻木不仁	冷靜應對，不備問題左右	穩步解決問題
738	生產力下降	同時做好幾件事	平均完成每個工作
739	過分配合每個人	關注周圍的每個人	希望並幫助每個人成功
740	不必要的增加了任務	詳細分解任務以實現目標	將實現目標的步驟明確化
741	過於夢幻	提出目前不可行的提案	消除思想的侷限性
742	試圖解釋不需要解釋的事情	仔細思考以便向對方解釋	以易於理解和有條理的方式進行解釋
743	優柔寡斷	避免與人發生衝突	做出協商一致的決定
744	以正義審判人	按照社會規則行事	按常識行事
745	不尊重舊事物	擁抱新事物	毫無阻力地擁抱新事物
746	聽不進別人的建議	任何事情都是自己做最後的決定	負責任和自主
747	迴避問題，不解決問題的根源	重新開始	臨機應變隨時切換
748	摧毀夢想和希望	調整對方的期望	鼓勵腳踏實地的心態
749	除了最佳選擇或最佳方式之外，對任何事情都不感興趣	縮小最佳選擇範圍並決定最佳方法	確定最佳選擇和最佳方式
750	有勇無謀	臨機應變行動	即使有違規行為也不害怕
751	發生意外情況時需要大幅度調整	組織多個專案使其順利運行	事前整理的同時做出模型
752	很快忘記過去發生的事	不為過去而遺憾	不執著於事物
753	只說好話	提供人們會喜歡的話題	通過對話讓人們開心
754	彼此熟悉	互相講好話	提高彼此的表現
755	模糊自己的想法	傾聽任何意見，不會肯定或否認	採取中立立場
756	不靈活	遵守規則	自主行動
757	看太多社群媒體，沒時間做該做的事	擔心社群媒體的反應	仔細感受對方的想法
758	對自己的力量過度自信	自信行事，無所畏懼	給大家穩定感
759	沒有考慮平衡	將一整天的行程塞滿	完成大量任務
760	助長對方依賴	在對方求助之前伸出援手	讀取對方的感受並採取主動

	缺點	才能	優點
761	滿足於想像	想像理想成真時會是什麼樣子	為未來帶來臨場感和動力
762	太健談	說話速度與節奏有緩急強弱	用令人印象深刻的對話來表達事物
763	占用太多空閒時間	全速思考	想出很多想法
764	不會把目標定得更高	將個人實力提升到與他人相同的水準	平均表現良好，與他人沒有太大區別
765	迴避大膽的挑戰	只跟贏得過的人競爭	找出自己可以獲勝的地方
766	太過專注於獲勝，以至於周圍的人都跟不上	指導整個團隊獲勝	指揮走向勝利
767	只說得體的話	在行動時意識到周圍的和諧	營造友好的氛圍
768	說話沒有前因後果	用自己想法說話	口齒伶俐
769	因感情過於投入而筋疲力盡	站在別人的立場思考	更深入地了解對方的感受
770	對自己的缺點視而不見	注意人們的問題	發現人們面臨的挑戰
771	被認為是個麻煩的人	注意並告知微小的變化	從詳細的角度傳達自己的意見
772	獲得暫時的滿足就告終	自己興奮地描繪未來	提高自己的動力
773	開始停滯不前時會自責	讓自己沉迷於追求成就中	一旦做了某件事就會有始有終
774	被認為很堅強	做好準備避免預期外的事情發生	不會省略步驟
775	不能只靠一己之力	協力取得豐碩的成果	將整體利益藉由合作串聯起來
776	從根本急遽改變造成混亂	修改執行方法使工作流程更順暢	進行根本的改善
777	團隊中有人跟不上	以團隊領導者之姿積極發言	為團隊注入活力
778	不在乎不感興趣的事物	不把精力投入到無謂的部分	花很多時間在沉迷的事物上
779	不一定是正確的決定	快速做出決定	迅速的讓事情提進入下一個階段
780	無法放鬆	全力以赴	認真對待生活
781	太多的獨創性會延遲目標的實現	在學習中發揮創意	了解哪種學習方式適合自己
782	愛出風頭	想要脫穎而出	在顯眼的地方展現最佳績效
783	不相信自己	遇到麻煩時會找人諮詢	參酌他人的觀點
784	理想太高而無法實現	懷著崇高的理想前行	以上進心行動
785	出錯會過度沮喪	確保事情做對	注意不要犯錯
786	不做任何不感興趣或不擅長的事情	發揮自己的強項採取行動	利用你的強項取得重大的成果
787	持懷疑態度	預測危險並準備應對	懂得避險
788	一直抱持強烈的匱乏感	尋找更好的方法	不惜一切價追求高成果
789	沒有意識到有解決方案	面對令人不安的狀況	任何狀況都能突破
790	被認為過於健談和輕浮	與流利的人交談	以易於理解的方式進行溝通
791	專注於自己想法而忽視周圍的環境	與自己對話	整理自己真實感受
792	只關注生產力，沒有餘裕	擠出時間來實現其他目標	時間效率化
793	堅持中立的判斷而違背本心	不會主觀評判別人	從中立的角度看待對方的本來面目
794	除了志同道合的人之外，不聯繫任何人	預約與志同道合的人見面	與有同樣感受的人建立關係
795	打破過去的慣例	修改現有步驟	帶來動態變化

	缺點	才能	優點
796	同情過去的痛苦經歷	嘗試深入了解對方的過往歷史	尊重對方的人生
797	被人們的要求所左右	適應人員和組織	適應環境
798	如果沒有變化會感到無聊	以更有效的方式實行	以靈活的方式高效推進
799	如果覺得障礙很低就不會努力	突破高壁壘	不斷取得更好的成績
800	學習到一定程度後會感到無趣	學習不懂的事物	重視從心底湧現的純粹想法
801	一直擔心沒有判斷基準	以明確的標準做出決定	在做出決定之前仔細思考
802	缺乏對知識深入了解	只搜索新資訊	獲取最先進的知識
803	讓重視思考的人感到困惑	向對方傳達行動的重要性	快速讓對方與行動連結
804	遠離塵世	把人生當成一場遊戲	看透和理解事物的本質
805	如果人太多會不說話	和少數人說真話	在可以讓自己放鬆的人面前表露自我
806	沒有操作手冊就無法工作	按照手冊操作	遵守規則並確保一切順利
807	不遵守規則	適應任何情況	靈活行動
808	龐大的驗證會花費大量時間	審視過去的文化	提升文化
809	只以勝利為目標	為致勝而努力	表現優於他人
810	強制參與	帶著好奇心有計畫的學習	為他人創造成長機會
811	專注於看得到的成果	將自己完成的結果可視化後給予評價	定性和定量地評估結果
812	打亂他人的節奏	行動時注意速度	快速推進
813	對他人不通融	實踐所珍視的價值觀	重視自己
814	一時興起	根據當下的心情行事	重視自己的感受
815	過於熟悉	即使在新環境中也跟任何人都保持良好關係	保持新鮮感的同時與人為善
816	只制定平淡無奇的規則	制定規則時採納大家的意見	建立他人認同的規則
817	切斷阻礙實現目標的人際關係	專注於實現目標	在不浪費時間的情況下實現目標
818	不會立即用語言表達出來	尋找適合自己和他人的詞語	仔細思考要說的話
819	執著於勝利而失去目標	努力以第一為目標	盡最大努力贏得第一
820	挑剔	聚焦於他人的缺點	發現對方的成長潛力
821	無法接受停滯不前的情況而做出決定	馬上決定從什麼開始	永遠向前邁進
822	信息太多造成混亂	一次想太多事情	在大腦中處理大量資訊
823	在滿意之前不會有產出	高品質的產出	做出超出對方要求水準的成果
824	吹毛求疵	說出與對方意見不同的想法	在平等的基礎上討論，避免與對方產生誤解
825	覺得自己像個受害者	以無視自身得失的方式行事	無條件為他人服務
826	沒有認識到事物的重要性	保持從容而冷靜的態度	穩定局勢
827	破壞平穩的局面	投入新環境	快速適應新環境
828	持續增加成員的負擔	同時提出多個方案指揮團隊	讓專案取得成功
829	決策緩慢	仔細考慮	採取高度確定的行動
830	沒有充分反省	不沉溺過去，思考未來	展望未來並付諸行動

	缺點	才能	優點
831	被認為是冷酷的人	按規定應對問題	根據規定保持中立
832	誇張表現	寫感情充沛的文章	用寫作打動人心
833	要求過高而延誤	完全完成後才分享	提供高品質
834	半途而廢	順著好奇心採取行動	迅速判斷並採取行動
835	因為有保留時間太過放心，會浪費時間思考無謂的事情	保留一定的時間用於思考	有意識的花時間自我反省及整理想法
836	只關注動機	了解如何激勵他人	激勵他人向前邁進
837	犧牲私人生活	超越要求	量產高品質產品
838	單方面認定對方的思維和行為模式	從對方過去的經歷中找出一定的模式	注意並告知對方成功或失敗的模式
839	被認為是古怪的人	感受與看不見的世界的聯繫	從宏觀角度抓到本質
840	無法在混亂的環境中調整自己的心情	整理雜亂無章	維持秩序
841	被誤會「我也很急」	快速回應	不等待別人快速回應
842	對對方期望過高	告知對方在組織中個人的重要性	支持他們有角色感
843	對方感覺被催促	提醒對方	保持一切順利進行
844	勉強大家找到共同點，試圖找到正確的答案	從很多人那裡蒐集資訊以提高準確性	從各種意見中尋找準確的資訊
845	不斷增加更多資料	寫下你學到的東西	可視化整理想法
846	否定方向不同的人	說服對方引導其朝著正確的方向前進	說出明智的話
847	可疑	從多個證據中得出結論	尋找令人信服的答案
848	無法集中精神對話	把偏離的正題拉回來	糾正偏離正題的人
849	變得亂七八糟	小心保管東西以防有一天能派上用場	重視有形的東西
850	對不感興趣的事情一點也不佩服	查詢感興趣的內容直到覺得足夠為止	深入思考
851	只有別人的標準，不知自己在想什麼	把別人的喜悅當成自己的事一起開心	與他人分享喜悅
852	缺乏原創性	提出折衷方案	訂下討論的妥協之處
853	被對方分散了注意力，沒有注意到自己的成長	注意到人的變化	靈敏地覺察到人的變化
854	提早放棄	不要對方要求太多	不要別人期望過高
855	過分強調成功	以最快的方式執行成功的過程	花時間制定有意義的策略
856	只停留在假設	思考未來會流行什麼	提出超前的想法
857	只能按照指示行動	整理目的	採取本質的行動
858	隨意臆測並做出決定	推測對方在想什麼	感知對方的情緒和想法
859	過於注重時間要短而太慢決定	找出確保成效的方法	高效實現目標
860	提供對方不需要的資訊	從各種資訊中挑出有用的情報	從資訊中提取有用的知識
861	參與太多而筋疲力盡	以充滿行動力的方式回應邀請	造訪各個地方並擴展人脈
862	直到最後一刻才開始做	趕上進度	調整事情的進程
863	失去真實的自己	改變自己來適應對方	配合對方進行溝通
864	按照自己的步調行動而不跟人配合	按照自己的步調有效率的行動	在維持秩序的同時提高生產力

	缺點	才能	優點
865	任務變複雜	無論做什麼都願意先挑戰	提高經驗值
866	不能從無到有想出點子	了解事情的來龍去脈	將過程融入自己的腦海中，並將其付諸行動
867	工作量太大	孜孜不倦的工作	完成大量工作
868	強迫人們感恩	尋求他人感謝而努力	慷慨為他人做出貢獻
869	將手段的執行變成目的	快速將想法轉化為行動	加速實現
870	只專注於講究的事	做事有講究	成效超乎標準
871	沒有考量到危險性	願意幫助陌生人	尊重每一個人
872	一廂情願認為自己的戰略是正確的	從多種方法中選擇最佳解決方案	找出最適合的方法並執行
873	對方很難注意到你	採取貼近人們感受的行動	縮短和對方之間的心理距離
874	僅根據成功或失敗來判斷	清楚的掌握成果並明確地採取行動	為成功或失敗設定明確的目標
875	堅持與眾不同	開發最先進的服務	創造新價值
876	不會採取大膽的行動	即使有好的結果也很謙虛，不會得意忘形	冷靜應對，不被一波又一波的情緒所吞噬
877	不採取促進發展的行動	想出簡單的方法	找到最有效的方法
878	與你不尊重的人保持距離	在尊重近人的同時建立更好的關係	與受人敬重的朋友建立信任關係
879	只是單純的想像	吸收對方的想法	深入了解對方
880	不重視自己	優先考慮對方的感受	對他人的感同身受
881	感覺不太能完成的事就不會去做	做事前制定戰略	做了就一定會完成
882	太多工作	交付的工作一定會做到最後並完成	負責任的對應
883	參與過多，浪費金錢	積極參加很多人的聚會	從所見所聞中獲取大量資訊
884	沒有意識到每個人的狀況	在人多的地方營造良好的氛圍	讓整個氛圍變得更好
885	一旦決定了就很難改變	重複做同樣的事情	始終如一
886	承擔太多而崩潰	對結果負責	承擔責任而不推卸責任
887	面對無獲勝機率的對手一開始就放棄	評估對手的實力並挑戰	有對手時成績更好
888	只選擇簡單的任務	樂觀行事不考慮細節	行動時重視現場的氛圍
889	即使在不確定的情況下，也要專注於任務，推動事情發展	快速完成任務	以最快的速度達到目標
890	如果沒有目標就沒有想法	檢討達成目標的方式	絞盡腦汁想出實現目標的方法
891	將注意力從不愉快的事和問題移開	專注於每天發生的好事	幾天後就會恢復精力
892	不能接受他人的想法	用幽默感思考	提出原創提案
893	個人工作效率下降	與一大群人組隊	創建合作的體制
894	認為自己滿意就好	每天必須要有產出	確保每一個都有變化
895	宣告不可能實現的目標來逼死自己	說到做到	宣告自己夢想和目標，並穩踏實的付諸行動
896	沒有時間回顧所做的事而感到焦躁	盡可能多完成工作	完成一項又一項任務
897	與理想有落差就會失去信心	做事有理念	追求崇高理想
898	把時間花在與績效沒直接關係的事情	根據自己的經驗給予指導	緩解對方的不安，督促他進步

	缺點	才能	優點
899	連不需要說的話也說了	討論時坦率地提出意見	進行沒有表裡如一的討論
900	不懂常識就會受到歧視	包容與一般常識認知不同的人	擁抱少數族群
901	對未來抱持悲觀態度	預測會不會有光明的未來	在預測危機情況下審視未來
902	尋找人的缺點	識別對方的性格問題	引導對方成為一個更好的人
903	沒有想到具體的方法	從本質出發思考	不會忽視目標
904	忽視統一性	注意每個人性格的差異	重視多樣性
905	無視人們的感受	不會顧慮發表自己的意見	坦誠表達自己的想法
906	不會尋求共鳴	即使被反對也堅持自己的觀點	有明確的信念
907	不會靈活變通	事物均一化	保持一定的態勢
908	會有讓人不好意思的表現	選擇美麗的詞彙	用言語激勵人們
909	沒有餘裕	細節也不妥協的情況下處理事情	努力做到完美
910	在更短的時間內找到更好的解決方案	發現問題	致力於解決問題
911	缺乏確定性	傳達光明的理想未來	在不確定的情況下給人安全感
912	僅依靠動機採取行動	找到提高績效的方法	努力保持高效工作
913	高高在上	告知對方成長了多少	慷慨的告知對方的變化
914	情緒起伏太激烈引人側目	自由表達喜怒哀樂	以易懂的方式將情緒的波動傳給其他人
915	錯了也不否認	洞察對方的真實意圖	讓對方放鬆的同時找到本質
916	由於缺乏客觀性可能會誤判	做出自己的決定	做出不會後悔的選擇
917	剝奪他人發言的機會	發言掌控全場	帶動現場氣氛
918	牽強附會	尋找事物之間的關聯性	在事物中尋找規律性
919	歪曲事實	將事實戲劇化	吸引對方的注意力
920	專注於按時完成任務，忘記目標	確保按時完成任務	要為自己做不到找藉口，坦率面對
921	不回應朝著意外方向發展的事情	接受沒有確定性的事實	冷靜應對不確定性
922	想法發散沒有方向性	思考如何解決問題	提出解決方案
923	避免無法獲勝的比賽	每次都想贏	戰略性制勝
924	不被重視會感到失落	廣泛而淺薄的社交	不深入保持適度的距離感
925	光說不練	找出實現理想未來的方法	為了實現理想的未來，反過來推演該做的行動
926	只關注弱點	確定哪些部分做不到	維持事情順利進行，避免進度停滯
927	不會請別人幫忙	交辦的任務會做到最後	努力不放棄
928	每天都很單調	簡化日常生活專注於該做的事	創造可以專注於自己想做的事的環境
929	用邏輯整理	冷靜地陳述事實	不帶情緒表達自己的意見
930	有偏見的觀點	挑選最適合自己的人	用自己的角度來識別他人
931	缺乏同理心	在不被對方情緒左右下做出回應	不會隨對方的情緒起舞
932	沒有得到關注動力就會下降	利用自己的強項吸引人們	如果有引人注意的舞台就會發揮實力

	缺點	才能	優點
933	給人可怕的印象	進行坦誠的討論	不隱瞞自己的想法並得出真相
934	壓制對方的意見	堅持己見	有主見
935	一旦改變預定，設定計畫的時間就浪費掉了	安排有效率的行程	充分利用時間
936	遭人利用	真誠待人不肯叛	誠信行事，贏得信任
937	只考慮消除風險	識別潛在風險並仔細檢查資訊	確保安全進行
938	忽視工作	做在職進修	抱持任何年齡都可以學習的態度
939	束縛對手	否定對方的言行	引導他人朝着更好的方向前進
940	傾聽對方的心情	同意對方的意見	創造一個讓他人容易表達意見的環境
941	沒有預訂或計畫就不行動	按時完成任務	按照計畫進行
942	過分強調好日子而延遲	注意好日子	建議要找好日子
943	不一致	理解不同的價值觀	擁抱任何價值觀
944	對周圍環境漠不關心	在與對方談話時想別的事情	更快切換思考
945	太在意勝敗	勇於挑戰勝利	提高自己績效
946	過度自律	找到並修正自己的缺點	誠實地承認自己的缺點並加以改進
947	不在乎結果如何	一個接一個認真學習	細細品味學習的過程
948	即使改變主意也強迫自己做完	一旦開始就做到最後	不會中途而廢
949	只與自己接受的人相處	只和對己有用的人往來	挑選自己需要的人
950	有時不講道理	不惜一切代價實現目標	探索所有可能性並將其付諸行動
951	沒有說服力	告知對方不知道的小變化	比對方更快地察覺到成長
952	充斥著大量的資料	囤積以後可能派上用場的資料	擁有豐富的資訊
953	被認為是多管閒事	向沮喪的人伸出援手	撫慰對方的心
954	沒有考慮未來	安排很多約會	豐富日常生活
955	沒有時間與他人相處	花時間獨自思考	享受獨處時光
956	對朋友太好	在職場上夥伴意識很強	建立深厚關係，不會公事公辦
957	譁眾取寵	平時沉默，但當被點到的時候就開始滔滔不絕	即興發揮
958	說話不考慮細節	總結	簡明扼要
959	給對方施加壓力	推別人一把	讓周圍的人參與進來並採取行動
960	成果品質下降	設計團隊合作的方法	在團隊中營造團結感
961	執著於設定好的優先序	訂定優先順位	釐清問題並高效完成工作
962	忽視現狀	預測未來可能發生的不同模式	積極主動應對
963	超越體力極限為對方服務	盡最大努力以獲取別人的感謝	獲得巨大的信任
964	剝奪他人的思考能力	不會將歸咎失敗而而會告知繼續努力的方法	化失敗為成長
965	執著於吸引他人的注意力	超越他人的要求	超越他人的期望
966	解開歷史需要很多時間	探究流傳下來的故事的本質	傳承傳統

247

	缺點	才能	優點
967	無法加深個別關係	公平對待每個人	平等對待事物
968	只會找藉口	解釋決定背後的理由	解釋事情發生的原因給大家安全感
969	招人眼紅	積極結識新朋友	透過邂逅保持新鮮的心情
970	以自己的想法為標準，缺乏客觀性	反思自己過去的行為是否合適	驗證事物的有效性
971	在沒有顧全大局的情況草率接受工作	樂意接受請託	完成大量的事情
972	責怪自己沒有新的見解	每天至少學一件事	做事抱持上進心
973	將自己的想法強加於他人身上	用自己的想法回答別人的問題	幫他人拓寬視野
974	無法坦率接受對方的好意	謙虛地回應對方的讚美	努力學習，不把對方說的話視為理所當然
975	擇善固執	有自己的堅持	具有不可妥協的價值觀
976	忍受不合理	回應對方的要求	滿足他人的期望
977	過於突然而嚇到別人	欣賞對方平常的活躍	治癒對方的心
978	不想被其他人邀請	與好朋友共度親密時光	重視和關心他人
979	某天情緒會突然爆發	對事情有耐心	堅持不懈，克服困難
980	目的是蒐集資訊	蒐集具體案例，為未來做好準備	善用各種具體事例降低風險
981	你和對方之間的心理界限消失了	掌握對方的心態	了解對方的世界觀
982	不用說的也說出來了	吐露自己消極想法	釋放壓力
983	如果無法發揮自己強項就不接受挑戰	在享受樂趣的同時發展自己的強項	想辦法把強項發展成優勢
984	剝奪對方的獨立性	代替其他人做事	採取行動減輕對方的負擔
985	高估對方	對人們有期待而交付任務	相信人的潛力
986	花太多時間考慮	認同判斷後採取行動	毫不猶豫地行動
987	光說不練	構建自己想法	系統性與他人溝通
988	看起來像藉口	解釋行動的理由避免被誤解	正確的公開行動原理
989	沒有充分的反性	即使生氣也很快就氣消	保持輕鬆的態度
990	沉浸其中，忘了其他的事	讓自己沉浸在學習中	集中精力，吸收豐富的知識
991	魯莽行事而不考慮後果	成為第一個行動的人	為他人樹立榜樣
992	只看數據而忘記其他該注意的事	創建一個系統來衡量日常進度	直觀地衡量結果並取得進展
993	壓抑太久突然情緒爆發	調和衝突的關係	引領人際關係和諧
994	忽視了具體性	彙整複雜的東西	整理得很簡潔
995	只根據自己的標準選擇人	在團體中馬上就能找到志同道合的人	綜觀全體
996	試圖強迫對方克服不擅長的事	支援克服弱點	有毅力的培育
997	過分講究不妥協	提供品質無可比擬的成果	以達到最高水準為目標
998	推遲原來的預定	接受突如其來的邀約或請求	靈活處理事情
999	相互了解需要時間	將陌生人帶入團隊	準備一個結識新朋友的地方
1000	談話的節奏變慢	深思熟慮後才說出來	重視字詞之間的涵義

「發現→活用→培養」才能的 300 個問題

發現才能的 100 個問題

▼ 直接發現才能的 25 個問題

1	做什麼能讓你感覺興奮？
2	做什麼會讓你覺得安心？
3	什麼事情會讓你願意慢慢等？
4	做什麼會讓你覺得像自己？
5	個性是外向型？內向型？行動模式為何？
6	喜歡自己哪裡？
7	別人怎麼說你會讓你開心？
8	從小開始就擅長做什麼？
9	希望別人「再多做○○一點就好」的是什麼？
10	什麼事情會讓你有幹勁？
11	什麼類型是「我絕對不想成為那樣的人」？
12	小時候什麼事情會讓你覺得興致勃勃？
13	什麼狀況會讓你不自覺的多管閒事？
14	做什麼會有充實感？
15	做什麼事會小心翼翼？
16	（只有一點點）讓你覺得自豪的事？
17	什麼事讓你覺得「跟以前一樣沒變過」？
18	有什麼口頭禪？
19	做什麼事會覺得很滿足？
20	面對不太熟的人下意識會做出什麼舉動？
21	面對熟悉的人下意識會做出什麼舉動？
22	在好幾個朋友面前下意識會做出什麼舉動？
23	開會或討論時下意識會做出什麼舉動？
24	學生時代，不感覺痛苦可以持續做的事？
25	擅長的科目是哪一科？為什麼？

▽ 從缺點中發現才能的 25 個問題

1	公認的缺點為何？
2	遇到何種狀況會沒有動力？
3	做起來會覺得很累的事情為何？
4	做過什麼事覺得後悔？
5	遇到何種狀況會覺得焦躁？
6	遇到什麼狀況會腦袋一片空白？
7	什麼事情明明可以不用在意卻會非常講究？
8	採取什麼行動容易失敗？
9	工作中做什麼會覺得有壓力？
10	工作中做什麼會覺得時間過得很慢？
11	工作中進度很慢時是什麼行動模式？
12	工作中沒有成效時是什麼行動模式？
13	工作中最反感的是什麼事？
14	面對工作夥伴容易暴露什麼缺點？
15	在團隊或組織裡容易暴露什麼缺點？
16	工作中遇到人生最大的失敗是什麼？
17	私底下做起來會覺得很有壓力的事？
18	私底下做什麼會覺得時間過得很慢？
19	私底下進度很慢時的行動模式？
20	私底下沒有成效時的行動模式？
21	私底下會招致身邊人反感的事？
22	私底下感覺遇到人生最大失敗的是什麼？
23	面對家人和夥伴容易暴露什麼缺點？
24	在朋友面前容易暴露什麼缺點？
25	金錢管理上有什麼缺點？

1	以往對別人最有貢獻的是什麼事？
2	沒有努力就被稱讚的是什麼事？
3	會讓人覺得吃驚的是什麼事？
4	平常做了什麼事會被別人道謝？
5	容易被別人拜託做什麼事？
6	什麼時候可以冷靜地做事？
7	會有意識要達成目標的是什麼事？
8	會有意識想要挑戰的是什麼事？
9	工作中做什麼會覺得有壓力？
10	工作中做什麼會覺得時間過得很快？
11	工作中進度很快時是什麼行動模式？
12	工作中很有成效時是什麼行動模式？
13	工作中最受稱讚的是什麼事？
14	面對工作夥伴容易顯露什麼優點？
15	在團隊或組織裡容易顯露什麼優點？
16	工作中遇到人生最大的成就是什麼？
17	私底下做起來會覺得沒壓力的事？
18	私底下做什麼會覺得時間過得很快？
19	私底下進度很快時的行動模式？
20	私底下很有成效時的行動模式？
21	私底下會讓身邊的人稱讚的事？
22	私底下感覺獲得人生最大成就的是什麼？
23	面對家人和夥伴容易顯露什麼優點？
24	在朋友面前容易顯露什麼優點？
25	金錢管理上有什麼優點？

發現才能的 100 個問題

▼ 詢問他人自己有什麼才能的 25 個問題（切入點）

1	可以用一句話形容我的強項嗎？
2	我什麼時候看起來很有活力？
3	我什麼時候看起來很放鬆？
4	我什麼時候看起來沒壓力？
5	什麼時候感覺比較「像我」？
6	喜歡我什麼地方？
7	我做什麼會讓你覺得吃驚？
8	什麼人跟我個性很像？
9	什麼人跟我的行動模式很像？
10	我經常說的口頭禪是什麼？
11	我經常比出什麼手勢？
12	我現在跟你第一次看到我有什麼不同？
13	（連續劇或漫畫之類）性格類似的人物是哪個？
14	我的個性可以用什麼動物比喻？
15	什麼顏色可以代表我的個性？
16	什麼家具或文具可以代表我的特色？
17	我的特色可以用什麼虛擬生物來比喻？
18	我的特色可以用什麼疊字詞（乾乾脆脆、暖呼呼）來形容？
19	什麼時候你會覺得「不像我」？
20	我什麼時候會沒有幹勁？
21	我什麼時候容易焦慮？
22	我什麼時候會特別講究？
23	我在工作上需要改進的地方是哪裡？
24	我在人際關係上需要改進的地方是哪裡？
25	我的人生需要改善的地方是哪裡？

活用才能的 100 個問題

《活化優點》
▽ 實踐「工匠法」的 20 個問題

1	失敗的模式是什麼？從中發現的缺點是什麼？
2	勝出的模式是什麼？從中發現的優點是什麼？
3	學習的時候是「廣而淺」？「窄而深」？學習風格的缺點是什麼？
4	學習順利時是發揮了什麼優點？
5	失去學習動力時會花心思做什麼事？
6	沒有動力時會怎麼度過？
7	沒有動力時會發揮什麼優點？
8	沒有動力時會花心思做什麼事？
9	工作的質與量，重視哪一個？工作模式的缺點是什麼？
10	工作績效好是發揮了什麼優點？
11	工作沒有績效時會花心思做什麼事？
12	重視工作的速度嗎？還是不重視？工作風格的缺點是什麼？
13	工作進度快時是發揮了什麼優點？
14	工作進度慢時會花心思做什麼？
15	士氣低落時的行動模式為何？
16	積極進取時是發揮出什麼優點？
17	士氣低落時做什麼事會變順利？
18	事情進展不順利時，什麼事會讓你陷入思考？
19	思考哪個時間軸（過去、現在、未來）的事情比較不會有壓力？
20	事情進行不順利時，會花心思做些什麼？

《活化優點》

▽ 實踐「環境移動法」的 20 個問題

1	什麼環境下工作可以順利進行？
2	什麼環境下會覺得有趣且十分充實？
3	在什麼環境下體驗到滿滿的充實感？
4	在什麼環境下體驗到最大的成就感？
5	跟什麼人在一起會覺得放鬆？
6	在什麼地方會覺得放鬆？
7	在什麼環境下可以專心做事？
8	什麼環境下會充滿幹勁？
9	什麼環境下容易產生新點子？
10	什麼環境下會討人喜歡？
11	近期，在什麼環境下讓你感覺充實感滿滿？
12	在什麼環境下讓你感覺合作愉快？
13	在什麼環境下讓你在社團或同好會中努力會有成果？
14	在什麼環境下讓你努力讀書會有成果？
15	什麼環境會讓你心情和身體都變好？
16	什麼環境會讓你心情和身體都變差？
17	今後希望別人給你什麼評價？為此你的優點要在什麼環境下才能發揮？
18	你覺得在什麼環境下才能積極地運用你的才能？
19	在什麼環境下最能活化你的優點？
20	你能為他人有所貢獻的最大優點是什麼？

《掩蓋缺點》

▽ 實踐「放手法」的 20 個問題

1	做了會心生不滿的事情或行為？
2	那件事或行為讓你不滿的原因？
3	從不滿的事或行為可看出自己的缺點？
4	必須一直做不滿的事或行為的理由？
5	停止不滿行為的方法？
6	做些什麼可以減少心中不滿？
7	誰提供的創意幫助你提升事情或行為的滿足感？
8	哪些事能激發創意助你提升事情或行為的滿足感？
9	停止讓你感到不滿的行為會對自己或他人有什麼好處？
10	持續讓你感到不滿的行為會對自己或他人有什麼壞處？
11	什麼事情或行為與你的工作成果沒關聯？
12	事情或行為與工作成果沒關聯的原因？
13	從與工作成果沒關聯的事情或行為中可看出自己的缺點？
14	非繼續做與工作成果沒關聯的事情或行為的理由？
15	如何停止與工作成果沒關聯的行為？
16	做些什麼可減少將時間浪費在與工作沒關聯的事情或行為上？
17	誰可以給你與工作成果相關的點子？
18	什麼可以帶來與工作成果相關的點子？
19	停止與工作成果無關的行為會對自己或他人帶來什麼好處？
20	持續與工作成果無關的行為會對自己或他人帶來什麼壞處？

《掩蓋缺點》

▽ 實踐「結構法」的 20 個問題

1	有類似缺點的人都用什麼方法處理？
2	有沒有「便利工具」可以掩蓋你的缺點？
3	掩蓋缺點的行為是否可以變成一種習慣？
4	可以創造不暴露缺點的環境嗎？
5	可以付錢解決你不想花時間的事情嗎？
6	可以採用「設備」掩蓋缺點嗎？
7	有搜尋過「不做○○的方法」嗎？
8	有搜尋過「消除○○的方法」嗎？
9	有搜尋過「不想做○○的方法」嗎？
10	有搜尋過「代辦○○」嗎？
11	解決時間管理煩惱的機制為何？
12	有時間管理煩惱的人都使用什麼機制？
13	能解決整理配置煩惱的機制為何？
14	有整理配置煩惱的人都使用什麼機制？
15	能解決思考整理煩惱的機制為何？
16	有思考整理煩惱的人都使用什麼機制？
17	能解決目標達成煩惱的機制為何？
18	有目標達成煩惱的人都使用什麼機制？
19	能解決金錢管理煩惱的機制為何？
20	有金錢管理煩惱的人都使用什麼機制？

《掩蓋缺點》
|
▽ 實踐「靠人法」的 20 個問題

1	什麼時候會想找人幫忙？
2	如果有人很樂意幫忙，會想拜託他做什麼？
3	什麼人比較容易請託？
4	請試想 3 個比較可靠的人。他們各有什麼才能？
5	誰可以很開心地做我不擅長的事？
6	誰可以很有效率的做我不擅長的事？
7	誰比我更適合做這件我不擅長的事？
8	誰可以提出你想不到的點子？
9	你受過什麼組織或團體的幫助？
10	如果把事情交給別人做，你一週可以省下多少時間？
11	過去曾經克服，但非常沒效率的經驗是什麼？
12	以往想要一個人努力卻失敗的經驗為何？
13	以前曾經遇過誰以什麼形式幫助你處理不擅長的事？
14	把事情交給別人做的好處是什麼？
15	事情不交給別人做的壞處是什麼？
16	你不擅長的事可以有多少比例交給別人做？
17	誰比較會幫忙？要怎麼跟那個人求助？
18	什麼時候對方會比較願意接受請託？
19	什麼樣的切入點會比較容易請託？
20	用什麼態度對方會比較容易接受請託？

培養才能的 100 個問題

▽ 找尋優勢「榜樣」的 30 個問題

1	什麼人會讓你嫉妒？理由是？你跟他有沒有同樣的才能？
2	哪位名人跟你的個性相似？你跟他有沒有同樣的才能？
3	有沒有朋友跟你的個性相似？你跟他有沒有同樣的才能？
4	動漫中有沒有跟你相似的角色？你跟那些角色有沒有同樣的才能？
5	你尊敬哪一位名人（偉人）？你跟他有沒有同樣的才能？
6	你尊敬哪一位朋友？你跟他有沒有同樣的才能？
7	你想要擁有身邊哪個人的才能？想要他的什麼才能？
8	誰擁有你模仿不來卻很想擁有的才能？你想要他的什麼才能？
9	身邊親密且可靠的人是誰？你和他共通的才能是什麼？
10	你跟誰相處會很舒服？你和他共通的才能是什麼？
11	跟誰有共通話題可以聊得很開心？你和他共通的才能是什麼？
12	跟誰比較有共鳴？你和他共通的才能是什麼？
13	跟誰在一起會覺得安心？你和他共通的才能是什麼？
14	跟誰在一起會覺得開心？你和他共通的才能是什麼？
15	跟誰在一起會受到刺激？你和他共通的才能是什麼？
16	看了誰的 SNS 會受到鼓舞？你和他共通的才能是什麼？
17	覺得很慶幸認識誰？你和他共通的才能是什麼？
18	你比較常參加什麼團體？你和那些人共通的才能是什麼？
19	你跟誰長時間相處（或曾經）？你和他共通的才能是什麼？
20	誰跟你氣息相通？你和他共通的才能是什麼？
21	誰可以互相學習？你和他共通的才能是什麼？
22	目前為止交往的都是什麼樣的人居多？你和那些人共通的才能是什麼？
23	哪位家人、親戚跟你比較像？你和他共通的才能是什麼？
24	想和誰共事？你和他共通的才能是什麼？
25	如果要住分享公寓，你想跟誰一起住？你和他共通的才能是什麼？
26	誰跟你互補？你和他共通的才能是什麼？
27	對你影響深刻的作品（書、連續劇、電影）是哪一部？你和作者共通點是什麼？
28	誰給你人生的轉機？你和他共通的才能是什麼？
29	父親和母親各自的才能是什麼？
30	目前為止受到哪 3 人的影響最大？這些人共通的才能是什麼？

▼ 尋求他人「建議」的 30 個問題

1	今後由我來做會比較好的事是什麼？
2	哪時候會覺得我留下來比較好？
3	在組織或團體內我扮演什麼角色？
4	今後我要在組織或團體內扮演什麼角色會比較好？
5	我給你的最具參考性的建言是什麼？
6	你做不到，但是我做得到的事情是什麼？
7	你覺得我適合從事哪方面的工作？
8	如果有事情要幫忙，你想委託什麼事？
9	你覺得我要磨練哪方面的技能？
10	我給人們什麼好的影響？
11	今後看起來會怎麼活躍？
12	人們對我說過什麼讚美的話？
13	目前為止幫助最大的一件事是什麼？
14	人們會向你尋求什麼樣的幫助？
15	要舉辦某個大型活動，我適合負責什麼工作？
16	人生中最重視什麼？
17	什麼讓你覺得「真有辦法做這麼久」而感到佩服？
18	能快速接下來的工作是什麼？
19	性格是外向型？內向型？容易有什麼行為？
20	要怎麼做才能解決煩惱？
21	什麼時候最能感受到我的個性顯現出來？
22	看起來有什麼機會？如果要抓住機會該做什麼？
23	對什麼事情會很熱中？要如何善用比較好？
24	現在所做的事情（工作、社群等）最能發揮優勢的是什麼？
25	你覺得我學生時代最擅長的科目是什麼？
26	我的強項對有著哪種煩惱的人有幫助？
27	什麼環境可以讓我積極地展現優勢？
28	能為他人貢獻最大的強項是什麼？
29	我對什麼事情知之甚詳？要怎麼運用比較好？
30	有潛在的優勢嗎？

▽ 找尋「喜歡的事」的 40 個問題

1	興趣是什麼？
2	如果保證一定會成功，那想要以什麼類型發光發熱？
3	如果可以學會一種最新的知識，你想要學什麼？
4	如果全世界的人都會聽你演講，你想說什麼主題？
5	如果要出書，你會寫什麼主題？
6	你有興趣想要多知道一點的事物是什麼？
7	如果全世界的人都會支持，你想做什麼？
8	你比較容易想到哪方面的點子？
9	獲得什麼知識會覺得很感動？
10	有意識的想蒐集什麼知識？
11	目前很熱中的事物是什麼？
12	不管有多忙都想要看的資訊是什麼？
13	目前在什麼事物上花最多錢？
14	喜歡做什麼事？在哪個領域可以活用？
15	擅長做什麼事？在哪個領域可以活用？
16	大多讀哪一類型的書或雜誌？
17	有問題意識的事情是什麼？
18	大多會參加什麼專案或活動？
19	什麼媒體（電視、書、SNS）看不膩？
20	下意識會去蒐集什麼知識？

21	想要深入學習什麼知識？
22	如果可以具備任何一種能力，你想要擁有什麼技術？
23	當你回過神時通常在想什麼？
24	什麼知識記得很快？
25	看到活躍在哪個領域的人你會很興奮？
26	做什麼會讓你覺得度過理想的一天？
27	不知不覺會很熱中談論的主題是什麼？
28	和家人及朋友聊什麼會很開心？
29	如果可以休假一個月想做什麼？
30	如果人際關係很好，會想做什麼工作？
31	如果轉世投胎想要嘗試做什麼事？
32	從以前到現在都一樣喜歡的是什麼事？
33	如果能成為世界第一的專家，你想要活躍在哪個領域？
34	獨處的時候大多在做什麼？
35	和家人或朋友在一起時大多做什麼？
36	如果確定可以有 1 小時的空檔，你會想做什麼？
37	目前為止人生花最多時間在什麼事上？
38	學習什麼知識可以解決現在的煩惱？
39	什麼社團活動或學習會讓你樂在其中？
40	學生時代曾經熱中什麼事物？

只要做這個測驗就 OK！
才能診斷推薦

需要特別花錢、花時間的「才能診斷」也能幫助大家找到才能，但本書內文並沒有介紹。

大家有為了要找到才能而接受過診斷嗎？

如果使用方式正確，才能診斷非常有效。

但是很多人都誤用方法，反而造成自己的可能性受限。

我想應該有人會在意「有這麼多種診斷方法，哪一種比較好？」

為了解決大家的疑惑，在此從四個方面來說明。

- **才能診斷錯誤的使用方式、正確的使用方式**
- **才能診斷的分類**
- **推薦的才能診斷**
- **活用診斷結果的方式**

才能診斷錯誤的使用方式、正確的使用方式

「我原來適合做這個！」

以往在做才能診斷、性格測驗、占卜時，很多人應

該都會有這樣的想法。

在我開始想要了解自己的時候，有段時期也是做了很多測驗。做了各種測驗之後，看到自己的優點、缺點、適合的工作後喜憂參半，就這麼不斷重複輪迴。但是不管做過多少測驗，根本就不會記得測驗結果，日子跟平常一樣過。

我注意到光是做測驗，是無法讓自己擁有「這就是我的才能！」的自信。

測驗結果的文章也寫得似是而非，沒辦法肯定「自己就是這種類型」。測驗結果如果沒辦法跟「過去自己的經驗」有所連結，那就無法獲得「自信」。

我會這樣說是想要傳達，沒有過往具體經驗之稱的「才能」，馬上就會喪失自信。

正確的使用方式應該是「將測驗的結果當成才能的假說」。重要的是，不要把測驗結果視為絕對，而要當成只是幫助你判斷的材料之一。如果不這樣做，會老是被占卜或測驗結果耍得團團轉。

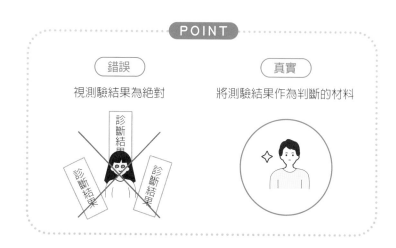

POINT

錯誤
視測驗結果為絕對

真實
將測驗結果作為判斷的材料

你應該做的測驗與不該做的測驗

「那麼你推薦該做什麼測驗？」

下一個會在意的問題應該是這個吧！

坊間有很多才能診斷、性格測驗。

但事實上有科學根據的卻很少。

為了避免迷惘，這裡要直接告訴大家該做什麼測驗。

在告知具體的測驗名稱之前，希望大家要先知道的，就是「才能診斷、性格測驗大致區分為兩種」。一種是你應該做的，另一種是你沒必要做的。也就是以下的兩種類型。

1. **基於「類型論」的測驗**
2. **基於「組合論」的測驗**

你一定會在意要做哪種測驗。

以結論來說，如果是要了解自己，推薦去做「基於組合論的才能診斷」。

「為什麼類型論的不行？」「什麼是類型論？」「什麼是組合論？」應該有很多問題想問，在此簡單說明：

什麼是「類型論」的才能診斷？

首先所謂的「類型論」，如同字面意思一樣，是以類型區分（心理學中正式的名稱是「類型論」，不過本書為了好懂就稱為「風格論」）。大家很熟悉的血型性格測驗也是這種類型論之一。

區分為 A、B、AB、O 等四個類型，然後說「A 型就是這種性格」，這就是類型論的特色。

任何人一定都曾經做過類型論的才能診斷吧？但是看這種測驗的結果，很多時候都會覺得「這一點很像，但那一點不像」。

例如以我來說，「B 型很自私」這個部分我可以理解，但其他特徵感覺上「就不是全部吻合了」。

這也是理所當然，本來人就不可能只分成四種類型。

順道一提，血型診斷沒有科學根據，我只是拿它來說明類型論測驗的特徵。其他的類型論還有分為 16 種類型的 MBTI 測驗、分成 9 種類型的九型人格測試等。類型論適合將人做大致的分類，但不適合用來細膩的了解自己。

另一方面，很多人想要互相了解時，說「A 先生是某類型」有便於表達與理解，是它的優點之一。

也適合運用在「團隊有這種傾向」「這個人在團隊中擔任這個角色比較適合」這種考量他人的時機。

如上所述，類型論有優點也有缺點。

八木仁平的蓋洛普
優勢測驗結果

1	競爭
2	完美
3	專注
4	前瞻
5	統率
6	追求
7	戰略
8	學習
9	理念
10	自信
11	思維
12	行動
13	信仰
14	交往
15	成就
16	溝通
17	紀律
18	積極
19	蒐集
20	統籌
21	關聯
22	分析
23	個別
24	責任
25	審慎
26	取悅
27	包容
28	伯樂
29	回顧
30	排難
31	和諧
32	公平
33	體諒
34	適應

什麼是「組合論」的才能診斷？

組合論就是「各種才能搭配組合來歸納人類」（心理學正式的名稱是「特質論」，本書為了容易理解，稱之為組合論）。

例如「蓋洛普優勢測驗」這種才能診斷，就是由 34 種才能組合來讓你了解「自己是什麼樣的人」的工具。因為是用「才能組合」來了解自己，光是前五名的組合就有 3300 萬種。想要更深入地了解自己，更細膩地理解自己的人，最適合使用「組合論測驗」。

團隊等人數較多想要互相了解時，分類太細，沒有深入學習會很難懂，所以不太好使用。

再次重申，本書的目的是「自我理解」，所以才會推薦大家去做「基於組合論的診斷」。

我將想要傳達給大家的內容整理如下：

才能診斷整理表

風格論	組合論
以類型區分人類	以數種才能組合來區分人類
例：MBTI、九型人格、血型診斷、社交風格、DiSC、財富原動力	例：蓋洛普優勢測驗、VIA 個人強項測驗、大五人格測驗
容易忽略細微的特徵	可以更詳細的區分才能
容易立刻了解傾向	無法立刻了解傾向
適合人數多時互相了解	適合了解自我

「做這種測驗就 OK ！」我推薦的才能診斷

那麼在「組合論」中，我推薦幾個才能診斷。你應該接受的測驗有兩個。

· **蓋洛普優勢測驗**
· VIA **個人強項測驗**

我推薦這兩個。

如果只選一個的話，我建議做「蓋洛普優勢測驗」，雖然「VIA 個人強項測驗」也是很棒的診斷工具，但比起來前者更大眾化，測驗後要如何活用也容易些。

善用診斷工具的本質都一樣

那麼就來說明要如何活用才能診斷的結果。

不論你要做哪一種「才能診斷」「性格測驗」，活用的思考模式都一樣。

測驗的解說會列出才能、個性會呈現的「優點」和「缺點」。

所以也跟本書說明過的流程一樣：

1. **發現**
2. **活用**
3. **培養**

完全相同的步驟。

測驗後的使用方式

具體的使用方式，就拿「蓋洛普優勢測驗」為例。「蓋洛普優勢測驗」34 項才能特質中，會得知排名前五名的才能。而對於前五名的才能，請遵循兩個程序。

程序 1　摘錄適合描述才能，帶有動詞的句子
程序 2　寫下過去才能出現的經驗

以我為例，「蓋洛普優勢測驗」中顯示有「完美」的才能。

程序 1　摘錄適合描述才能，帶有動詞的句子

在看解說的時候，「對於把事情做到極致感覺很興

奮」這段句子很打動我。

程序 2　寫下過去才能出現的經驗

這簡直就和「把這本書做到完美」息息相關。

像這樣在閱讀解說的同時，請慢慢去回想過往的經驗。不論是「蓋洛普優勢測驗」「VIA 個人強項測驗」，都可以針對排名前五名的才能去做。

發現的才能，就跟其他三個技巧一樣，用「才能地圖」來整理。

好好使用診斷工具，幫助自己發現才能。

衷心期待看到你在利用本書的診斷工具，找到才能後在社會上發光發熱的那一刻。

Eurasian Publishing Group
圓神出版事業機構
用心與你對話·視野無限寬廣

如何出版社
Solutions Publishing

www.booklife.com.tw

reader@mail.eurasian.com.tw

Happy Learning 212

世界最簡單的才能發現法

找到一生受用的自信與自我理解

作　　者／八木仁平
譯　　者／張佳雯
發 行 人／簡志忠
出 版 者／如何出版社有限公司
地　　址／臺北市南京東路四段50號6樓之1
電　　話／（02）2579-6600·2579-8800·2570-3939
傳　　真／（02）2579-0338·2577-3220·2570-3636
副 社 長／陳秋月
副總編輯／賴良珠
責任編輯／張雅慧
校　　對／張雅慧·柳怡如
美術編輯／林韋伶
行銷企畫／陳禹伶·朱智琳
印務統籌／劉鳳剛·高榮祥
監　　印／高榮祥
排　　版／莊寶鈴
經 銷 商／叩應股份有限公司
郵撥帳號／18707239
法律顧問／圓神出版事業機構法律顧問　蕭雄淋律師
印　　刷／祥峰印刷廠
2024 年 4 月　初版
2024 年 8 月　3 刷

SEKAIICHI YASASHII [SAINO] NO MITSUKEKATA
ISSHOMONO NO JISHIN GA TENIHAIRU JIKORIKAI METHOD
© Jimpei Yagi 2023
First published in Japan in 2023 by KADOKAWA CORPORATION, Tokyo.
Complex Chinese translation rights arranged with KADOKAWA CORPORATION, Tokyo.
through Future View Technology Ltd.

All rights reserved.

定價 360 元　　　　ISBN 978-986-136-687-6　　　　版權所有·翻印必究

◎本書如有缺頁、破損、裝訂錯誤，請寄回本公司調換　　　Printed in Taiwan

找到自己真正想做的事，既重要且迫切！

「不想做的事」若變成工作，就會陷入惡性循環。

遵循3大步驟，找出未來30年都適用的工作方法

熱情 × 才華 × 價值觀＝真心想做的事（天職）

讓人際關係、財務、健康、工作等所有煩惱，一掃而空！

—— 《發現你的天職：3大步驟，讓你選系、就業、轉職或創業不再迷惘》

國家圖書館出版品預行編目資料

世界最簡單的才能發現法：找到一生受用的自信與自我理解 / 八木仁平
著；張佳雯譯. -- 初版. -- 臺北市：如何出版社有限公司, 2024.04
272面；14.8×20.8公分 --（Happy learning；212）

ISBN 978-986-136-687-6（平裝）
1.CST：自我實現　2.CST：生活指導　3.CST：成功法

177.2　　　　　　　　　　　　　　　　　　　　113002087